만해 한용운

萬海·卍海 韓龍雲

임중빈 지음

차례

▨ 이 책을 읽는 분에게

만해萬海 앞에 만해 없고, 만해 뒤에 만해 없다. 만해 한용운韓龍雲이야말로 한국 역사의 일대 전환기를 도도한 인품으로 산 큰 봉우리로서 알려져 있으며, 또한 우리는 거기에서 자신에 대한 철저한 자각과 민족 독립운동에 열렬하게 헌신하며 혼란기를 살다 간 한 위인의 삶을 엿볼 수 있다. 이 책은 암흑 시대를 살다 간 만해의 큰 삶에 비하면 지극히 개략적인 해명을 시도한 데 불과하다.

문학에 입문하기 전부터 만해의 작품을 애독해온 미비한 문학도의 한 사람인 저자는 수년 전에 불교 사상가로서, 민중 혁명가로서 그리고 근대 문학인으로서 그의 위대한 면모를 전기체傳記體로 정리해 볼 기회가 있었다. 그러나 입문서入門書로서도 한갓 헛수고에 가까운 졸저拙著임을 통감해오던 차, 보다 본격적인 인물 연구의 자료 수집을 하게 되면서 관계 인사들과의 비교적 폭넓은 의견이 모아짐에 따라 차차 그의 참모습에 접근하게 되었다.

여기에서는 다정다감하면서도 의지의 금강석이라 할 만한 자연인의 전체상全體像을 일대기一代記 형식으로 추적했지만,

그러나 영원한 우리의 스승 만해로부터 배움을 받을 수 있는 현실적 한계를 넘어설 길은 없었다.

누구보다 그는 참된 인간상의 본보기였다. 피맺힌 믿음의 사람으로 정기精氣의 화신化身이었다. 어디에서나 고아高雅한 그 인격의 향기는 오래도록 뜻있는 사람들의 마음속에 스며들 것으로 믿는다.

그와 같은 품성과 기개를 절실히 필요로 하는 오늘에 와서 인간 만해의 깊이와 높이를 헤아려 본다는 것은 매우 바람직한 일이 아닐 수 없다. 만해 연구에 적으나마 보탬이 되기를 바랄 뿐이다.

만해 선사萬海 禪師의 큰 뜻을 기리며

문암文岩 삼가 씀

1. 민족의 참 스승

한국인의 표상

민족 운동가·불교 개혁자·근대 시성詩聖의 삼위일체가 만해萬海 한용운韓龍雲이다. 불교 개혁자 만해나 민족 운동가, 혹은 근대 시성 만해로서만은 그 전인全人의 참모습을 밝힐 수가 없다. 종교·문학·민족 운동이 혼연일체가 되어 우리 역사에 뜨겁게 순교殉敎한 만해였다.

그리하여 만해 한용운은 인간의 한 정점을 이룬다. 그는 참 한국인이었고 애국자였으며 무엇보다 동양인의 모습을 가장 잘 간직하고 있었다. 동양인의 의지를 대표하여 산 한국인의 표상인 그는 열정적인 행동으로 온 생애를 채웠다.

과연 만해는 민족 운동가로서, 불교 사상가로서, 근대 시성으로서 삼각의 정상에 우뚝 솟은 첨탑이요, 불멸의 인간상이다. 고결한 독립 투사, 선구적인 유신 승려維新僧侶, 탁월한 민족 시인 그 어느 면에 있어서나 빼어난 인걸人傑로 만인의 사표師表가 된다. 한용운이 전인全人으로서 평가받는 이유는 다른 데 있지 않다. 만해야말로 우리 근대사의 긍지이며 영광의 정점頂點이 아닐 수 없다.

그는 모든 수단을 동원하여 일본 제국주의 세력과 비타협적인 싸움을 전개했다. 일찍이 집안이 몰락하는 과정 속에서 개혁 의지를 지니게 된 그는 불교에 귀의함으로써 중생구제衆生救濟의 뜻을 굳혔으며, 급기야 항일 민족운동의 실천을 통하여 이상주의와 현실주의가 통일되는 진기한 생애를 완성할 수 있었다.

한국 근대사에 있어서 독립 사상가로, 독립 운동가로 경이로운 산맥을 이루기까지 만해는 투사요, 승려요, 문인이었다. 만해는 새로운 자유주의 사상을 수립하여 이처럼 민중 계몽활동에 다채롭게 또 적극적으로 참여했다. 전통적 불교 사상을 기초로 한 그의 민족주의는 자유와 평화의 이념을 구현하려는 데 그 핵심이 있었던 것으로 보인다.

그러나 만해 한용운의 전체상全體像은 그 활동이나 업적의 위대함보다 사상의 심오함, 더욱이 그 생애의 고결함과 아울러 그 인격의 수려함을 확인해 나가는 데 있을 줄 안다. 그의 독보적인 인물 형성은 역사의 소명召命에 따라 조금도 가식 없이 온몸으로 실천하고 투쟁함으로써 비로소 가능하였다. 그리고 그는 중용中庸의 덕을 지닌 인자仁者이기에는 너무도 격렬했다. 인자는 천하에 적이 없는 법인데 만해는 그 길을 걷기보다 저 지행합일론자知行合一論者 왕양명王陽明식의 열정적인 광자狂者로 굽힘 없이 자유롭게 행동하는 한편, 절개가 굳은 선비처럼 고절孤節을 지키며 일사 불란한 길에 일로 매진하였다. 한용운의 승리는 바로 여기에 있었다.

꼿꼿한 기상

"그대는 앞으로도 조선의 독립운동을 할 것인가?"

"그렇소. 계속하여 쉬지 않고 언제 어디서든지 해나갈 것이오. 우리의 독립은 반드시 이룩되리라 믿으며, 일본에만 월조月照 같은 고승高僧이 있는 게 아니라, 조선이란 나라에도 그에 못지않은 승려가 있다는 사실을 잊지 마시오."

"금번 계획으로 처벌될 줄 알았는가?"

"나는 내 나라를 세우려는 데 힘을 다한 것이니, 벌을 받을 리 없을 줄 아오."

"피고는 그래서 금후에도 독립운동을 해나가겠단 말인가?"

"그렇소, 언제든지 그 마음을 고치지 않을 터이오. 만일 몸이 없어진다면 정신만이라도 영세토록 가지고 있을 것이오."

작은 키에 동그스름한 얼굴, 도인道人다운 인상이 풍기는 만해의 목소리가 매웁고도 세차게 법정을 울렸다. 그의 머릿속에는 독립 선언서 공약 삼장公約三章이 다시금 되살아났다.

1. 금일 오인吾人의 차거此擧는 정의인도正義人道 생존존영生存尊榮을 위하는 민족적 요구이니 오직 자유적 정신을 발휘할 것이요, 결코 배타적 감정으로 일주逸走하지 말라.

2. 최후의 1인까지, 최후의 1각까지 민족의 정당한 의사를 쾌히 발표하라.

3. 일체의 행동은 질서를 존중하여 오인의 주장과 태도로 하여금 어디까지든지 광명 정대光明正大하게 하라.

기미년 3월 1일, 그는 33인을 대표하여 목이 터져라 만세를 외치지 않았던가.

 그 기개, 그 감격, 그 여운을 한순간인들 어떻게 굽히며, 또 어찌 잊는단 말인가. 그날 만해는 민족 대표들 앞에서 감동어린 말을 남겼다.

 "자, 우리가 독립을 선언했으니 이제 여기서 죽는다 해도 여한餘恨이 없소. 여러분! 우리가 목숨이 붙어 있는 그날까지 이 사업을 계속해 나가야 합니다."

 만해는 과연 '최후의 1각'까지 '최후의 1인'으로서 영원히 타는 불꽃이요, 활화산活火山의 유일봉唯一峰이었다.

 3·1만세 운동으로 투옥되기 직전에 주변 인사들에게 이렇게 타일렀다.

 "내가 갇혀 있는 동안 사식을 넣지 말고, 변호사를 대지 말며, 어떠한 경우에도 보석 신청을 하지 마시오."

 그는 옥고를 치르는 3년 동안만이 아니라, 65년여 평생을 한결같이 돌부처처럼 신념을 꺾지 않고 스스로를 지켰다.

 한용운은 전생애를 하루하루 믿음을 간직한 채 싸우며 살았다. 그는 님을 믿었고, 님을 믿기에 마지막 순간까지 밤을 밝힌 한 자루의 촛불처럼 살고자 했다.

 잠시도 그는 꺼져본 일이 없다. 그 한 자루의 초가 타들어가면서 흘리는 뜨거운 눈물은 시詩가 되었고, 타들어가며 닳아지는 촛대가 역사의 제단에 바쳐지는 동안 불꽃은 새로운 세기世紀를 만들었다. 그 심지가 불교였다면, 그 눈물은 민족과 민중의 품에 뿌려지고, 그 불꽃의 향내는 천만 번 꺾어도 굽히지 않는 인격의 신화神話처럼 위력을 감싸고 돈다. 그것이 거룩한 민족 투사의 모습이요, 역사에 깊숙이 뛰어든 승려의 표상이었다.

불멸不滅의 노래를 남긴 시인詩人 한용운, 영원의 삶을 살다간 한용운은 마침내 불꽃 중의 불꽃이 되었다.

인도의 시성詩聖 타고르가 그다지 부럽지 않고, 간디 같은 위인들이 별로 우러러보이지 않을 때가 있다면 오직 만해 한용운의 생애를 음미해보는 순간일 뿐인지도 모른다.

그는 늘 냉방에서 거처하다시피 하며 끝까지 버티다가 제대로 먹지를 않아서 끝내는 영양실조로 열반涅槃에 들었다.

그가 생존해 있는 동안의 조국은 타의에 의한 하나의 큰 감옥에 지나지 않는다는 생각으로 일관했다.

"내가 나라 땅덩어리가 감옥이 되어 버렸는데 어찌 불 땐 방에서 편안히 기거한단 말인가."

만해는 탄식하였다. 밤이면 차디찬 냉돌 위에서 꼼짝달싹하지 않았다. 말없이 참선參禪하는 그 의연한 모습이란 '저울추'를 연상케 했다. 우리의 저울추는 깊은 밤이면 향불을 피워 놓고 남몰래 눈물지으며 묵상했다.

"부처님, 우리는 박복해서 이런 약소 국가에 태어났습니다. 저희 약소 민족에게 서광曙光이 되어주소서."

고행 속의 하소연이자 님을 부르는 뜨거운 소망의 목소리였다. 그러나 그 님이 우리 곁에서 떠났을 때, 우리들의 님을 쉬지 않고 목타게 부름으로써 한 자루의 촛불, 곧 영원한 서광이 되어준 것이다.

그가 열반한 이듬해, 민족 광복의 날이 이 땅에 왔다. 만해는 마지막 밤을 밝혀준 촛불이었으며, 새 아침을 맞이하도록 해준 민족의 길잡이였다.

조국을 노래한 시인

만해는 반세기를 통하여 가장 뛰어난 시인의 한 사람이었다. 구도자의 영원한 절창絶唱을 남긴 만해 한용운은 한 그루의 설중매雪中梅처럼 지조 높은 고결한 명문장을 남겼다.

일찍이 동학혁명에 자극받은 그는 최린崔麟·이승훈李昇薰과 함께 3·1독립 운동의 실질적인 3대 주역이었고, '조선불교유신론朝鮮佛教維新論'을 제창한 근대 문화 개척의 상징이었으며, 님을 찬미한 시인으로 한 그루 낙락장송落落長松이었다. 그의 가슴에서 타오른 혁명과 구원의 불길은 조국을 위하여, 민족을 위하여, 그리고 중생을 위하여 한시도 꺼질 줄 몰랐다. 그 불길이 곧 만해의 님이기도 하다. 그의 님은 또한 우리들 만인의 님일 수 있는데, 그러한 님을 기린 만해의 시편詩篇들은 길이 남을 유명한 작품이다.

만해의 시는 참으로 그윽한 매화의 향내를 풍긴다. 시편들마다에서 풍기는 그 매운 향기는 한용운의 인품의 척도가 된다. 그의 시대는 사실상 엄동 설한이었다. 그 세찬 눈보라

속에 핀 시의 향취는 천추에 길이 남을 노래일 뿐만 아니라, 언제 어디서나 쉬지 않고 우리 마음에 믿음의 서광이 되어주고, 위안과 용기의 원천이 된다.

민족운동가이자 불교개혁가 근대 사상鉌 만해 한용운.

과연 님의 시인 만해는 근대 시인으로 민족적이며 혁명적인 에토스를 발산한다. 그는 시의 형식을 혁신함과 아울러 시인 의식을 새롭게 정립해 나갔다.

〈님의 침묵〉을 비롯한 그의 시 작품들은 학대받는 민족의 영가靈歌였다. 민족 자주 독립의 정신과 염원이 아로새겨진 노래이며, 애끊는 중생의 마음이었다. 그는 님을 절대 신앙한 행동 시인이었다. 마치니의 님이 이탈리아인 것처럼 한용운의 님은 한국이었다.

어느 강연회에서 만해는 '자유'에 대하여 마지막으로 연설하게 되어 연단에 올라갔다.

"여러분, 진수성찬을 드신 후에 비지찌개를 드시는 격으로 내 말을 들어 주십시오. ……아까 동대문 밖을 지나 올 때 과수원을 보니 가지를 모두 가위로 잘라 놓았는데 아무리 무정한 물건이라 해도 대단히 보기 싫었소. 그 무엇이 그리웠습니다."

입회 형사는 이 말의 참뜻을 알지도 못하고 박수하는 청

중을 노려봤다. 그 중 한 사람이,

"낸들 알겠소. 남들이 하니까 나도 따라 쳤을 뿐이라오."

재치 있는 임기응변으로 받아넘겨 잠시 폭소가 터졌다. 만해는 계속하여 열변을 토하였다.

"진정한 자유은 누구한테 받는 것도 아니고, 또 누구에게 주는 것도 아닙니다. 서양의 모든 철학과 종교는 '신이여, 자유를 주소서' 하고 자유를 구걸합니다. 그러나 자유를 가진 신은 존재하지도 않고, 또 존재할 필요조차 없다고 봅니다. 사람이 부자유스러울 때 신도 부자유하고, 신이 부자유스러울 때 사람 역시 마찬가지입니다. 그러므로 우리는 오히려 스스로가 자유를 지켜야 합니다. 따라서 우리는 '신이여, 자유를 받아라!' 하고 나아가야 합니다."

두말 할 필요 없이 "신이여, 자유를 받아라"라는 여운 속에는 동양인 만해의 자세가 있고, 님을 추구하는 벅찬 도전의 몸짓이 있다.

그가 옥중에서 쓴 〈조선 독립 이유서〉는 절규한다.

"인간 생활의 목적은 자유에 있고, 자유가 없는 생활에 무슨 즐거움이 있겠는가. 자유를 위하여는 어떤 대가도 아끼지 않고 생명을 걸어서라도 양보하지 않을 것이다."

굴하지 않는 용기

"여러분! 얼큰한 된장찌개 맛보는 기분으로 내 말을 들어 보오. 우리들의 가장 큰 원수는 대체 누군가요? 소련? 미국? 아닙니다. 그럼 일본? 남들은 그렇다. 모두들 그래요. 일본이 우리의 가장 큰 원수라고……."

말이 채 맺어지기도 전에,

"중지! 연설 중지!"

하는 소리가 장내를 울린다. 임석 경관이 그대로 있을 리 없다. 낯빛이 변하여 연설 제지를 외쳤다.

만해는 이에 재빠르게 말머리를 돌린다.

"우리의 원수는 일본이 아닙니다. 절대로 아닙니다. 그러니 다들 안심하고 안심하십시오. 일본이 어째서 우리의 원수이겠습니까? 아닙니다. 그렇다면 우리의 원수는? 소련도, 미국도, 일본도 물론 아닙니다."

그는 잠시 장내의 청중들을 훑어보고 나서 언성을 높인다.

"우리들의 원수는 바로 우리들 자신의 게으름, 이것이 바로 우리의 가장 큰 원수가 아니고 무엇이겠습니까!"

청중들의 요란스런 박수와 환성이 장내를 진동한다. 이렇게 할말을 다한 그의 목소리는 맑고 힘차면서도 부드러웠고, 때로는 태풍같이 휘몰아치는 위력이요, 쇳소리였다. 시냇물처럼 흐르다가도 폭포수가 되어 굽이치고는 했다.

일찍이 소설가 벽초碧初 홍명희洪命熹는,

"한용운 한 사람 아는 것이 다른 사람 만 명을 아는 것보다 낫다"

고 했으며,

위당爲堂 정인보鄭寅普는,

"청년들이여, 만해를 배우라"

하는 말을 하곤 했다. 만해의 정신은 언제나 새롭고 젊었다.

청년들의 스승이요, 만인의 스승인 만해는 평소 말수가 적은 편이어서 누가 묻는 말에만 간명하게 답변하는 슬기로운 사람이었다.

다섯 자가 될까 말까 한 작은 키에 얼굴도 자그마한 편이었다. 키는 아주 작았으나 앉은키는 큰 편이었다. 인간미가 풍기는 면이 있으면서도 위풍 또한 대단했다. 체머리를 약간 흔드는 습관이 있었다. 사시 사철 한복 차림을 한 동방東方의 의인義人은 그러나 불 같은 혁명가요, 피끓는 불멸의 청년이었다.

어느 날 막역한 친구인 홍재호와 더불어 잡담을 나누는 자리에서였다. 무심결에 그가 일본말 한마디를 했다.

만해는 불끈했다.

"아니, 당신도 왜말을 쓰나?"

"……"

"나는 그런 말이 무슨 말인지 통 모른다네."

"만해, 내가 얼핏 실수를 했구려. 그러나 때가 때인 만큼……"

"안 쓸 수도 없다, 이 말이렷다."

격분한 만해는 그 친구의 뺨을 철썩 후려갈겨 쫓아버렸다.

어느 날이었다.

《매일신보》에 실린 기사에,

"전 조선인 8~9할이 창씨創氏했고, 그 중 경북 안동군이 가장 모범적인 실적을 올렸다"

라는 대목이 있었다. 만해로서는 통탄해 마지않았다.

"안동은 유림儒林의 본향이 아닌가. 소위 양반들의 고장이 남들보다 먼저 왜놈 되기에 급급했다니, 이럴 수가 있나……. 도대체 어떻게 학문을 닦았기에 그 모양 그 꼴인가. 본래 학문이 그런 것이 아닌데 글을 옳게 배우지 못한 까닭에 이 꼴이니 그만 못한 어리석은 백성들이야 말해 무엇한담……. 위무불능굴威武不能屈이란 구절을 알련만 모르는 것과 일반이니 한심한 일이로군!"

만해의 신념은 늘 이와 같이 푸르렀고, 그 기개 또한 추상 같았다. 그는 그렇게 일생을 살다 간 참으로 영원한 사표였다.

석가모니의 제자인 만해는 위대한 서민이었다. 불교 근대화의 선구자답게 그는 산속 깊은 곳의 불교를 대중의 품으로 끌어들였다. 탁발승의 거지 행세는 시대 역행으로 보아 이를 반대했고, 차라리 승려의 결혼을 권장했다. 만해는 대처승帶妻僧이었으나 채식을 주로 하고 된장찌개나 게젓 정도를 별식으로 여기는 검소한 생활을 하며, 만년에는 조선 총독부를 등진 성북동 심우장尋牛莊에서 독립지사의 울분을 달랬다.

고승高僧 송만공宋滿空이 그를 찾아 주곤 했는데 만해와 만

심우장
만해 선생이 만년에 기거했던 곳. 1933년 방응모·박광 등
몇 사람의 성금으로 성북동에 지었다. 총독부 청사가 보기
싫다 하여 반대 방향으로 지었다는 유명한 일화가 있다.

공은 밤새도록 '곡차'를 마시기도 했으나, 술에 취한다기보다
화제에 도취하기 일쑤였다. 서울 장안이 비좁다 하고, 마시
면서 선문선답禪問禪答에 밤이 새는 줄도 모를 지경이었다.

　장안에 소문이 파다하도록 만해와 만공 두 스님은 막걸리
로 허기를 채우기도 했다.

　그날도 만해와 만공은 취하도록 마셨다. 만해는 기분이 좋
아서 호탕하게 웃어댔다. 늘 짚고 다니는 지팡이를 흔들며,

　"이걸로 총독이란 자를 한 대 후려갈기기나 했으면 속이
시원할 텐데……"

하고 만공의 마음을 떠보았다. 만공이 대꾸한다.

　"응, 곰이야 막대기 싸움을 하지. 하지만 사자야 어디 막대
기 싸움을 할 수 있나. 사자는 호령만 하는 법이거든."

　순간 만해가 이 말을 받아넘긴다.

"그래, 새끼 사자는 호령을 하지만, 커다란 어미 사자는 그림자만 보이는 법이지……."

큰 사자가 나타나기만 해도 백수百獸가 벌벌 떨게 마련이고 보면 자못 함축성 있는 말이었다.

"만공, 그래 어미 사자인 내 그림자를 그대는 보는가"

하는 설법이었다. 만공도 만해도 범속을 초월한 고승으로 함께 추앙받는 민족지사요, 당대의 사자와 같은 도인道人의 위품이 있었다. 그러나 수덕사 김원담金圓潭 방장의 비유처럼 만공이 대해大海라면 만해는 그 바다 속의 괴석怪石이었다.

만해는 만공과 함께 칼 차고 글 읽는 대장부의 마음가짐으로 한 손에 무기를 들고, 다른 한 손에 경전經典을 든 어느 성자聖者처럼 굳세게 일제와의 대결을 지속했다. 더욱이 선풍禪風을 일으킨 그들은 한 번도 후퇴해본 적이 없었다.

의연한 길

만해의 만년에 그래도 지음知音의 동지로 위당 정인보와 벽초 홍명희를 손꼽는다.

일제 말엽까지 모두가 상록수의 혼을 지닌 문인이요 학자요 민족지사들이었다. 특히나 위당이 '얼'의 화신이었다면 만해는 '님'의 화신이었다. 이 '얼'과 '님'은 서로 통한다. 깊이 맺어질 수 있는 민족혼民族魂의 대명사이거나 이어동의어異語同義語일 법도 하다.

만해와 위당은 '님'과 '얼'로서 숨막히는 어두운 시대를 달랜 듯 여겨진다. 그들에게는 문인으로서든 학자로서든 늘 푸른 정신의 맥박이 뛰놀고 있었다.

만해와 벽초는 바둑 친구이기도 해서 교분이 두터웠고 격의 없는 농담도 나누는 사이였다.

그러나 단순히 시간을 보내기 위한 농담을 나눈 것은 아니었다. 일제 말엽의 어느 여름날 저녁 나절의 일로 만해의 후학 해오海惡 김관호金觀鎬옹은 기억한다.

그날 따라 화가 머리끝까지 치밀어서 벽초가 심우장엘 들이닥쳤다. 어찌나 노발대발해 있는지 부들부들 몸을 떨기까지 했다. 측근에서는 그의 신상에 무슨 심상찮은 일이라도 있었나 추측했다. 누구한테 봉변을 당했거나, 아니면 더욱 심한 일제의 탄압에 걸려들지 않았나 하는 선입감이 들 정도였다.

"만해, 그래 이런 개 같은 무리들이 있나?"

좀처럼 욕설 근처에도 가지 않는 얌전한 벽초의 입에서 이런 말이 나오리란 것은 실로 뜻밖이었다. 첫마디가 그렇게 거칠게 나왔건만 만해는 그저 담담했다.

"벽초, 왜 그리 서두는가. 차근차근 말을 해야 하지 않겠소."

벽초는 땅이 꺼져라고 한숨을 내쉬며 입을 연다.

"아, 윤치호尹致昊란 놈, 최린崔麟이란 놈, 이광수李光洙란 놈, 그리고 홍사단 주朱 아무개란 놈, 이놈들이 모두 창씨創氏를 하고 개명改名을 했다는구려. 그런 개 같은 종자들이 어디 있소. 앞으로 이 나라 꼴이 어찌 되겠는가, 만해!"

가슴을 치고 통분해 하건만, 만해는 끄떡도 하지 않는다. 잠자코 말문을 열어,

"벽초가 그들을 너무 지나치게 보았지, 지나치게 보았어……"

하고 혀를 차더니 조금 있다가 다시 말을 잇는다.

"아니야, 벽초가 실언失言을 한 셈이군."

벽초의 험구와 욕설을 두고 한 말일까.

"만해, 그래 내가 무슨 실언을 했단 말인가?"

그러나 만해는 그게 아니었다.

"벽초, 내 말 들어 보오. 만일 개가 한 마리 이 자리에 있어 말을 할 줄 안다면 그냥 있진 않을 거요. 마구 달려들 걸세."

"……?"

"내가 왜 주인을 모르느냐구. 그러면 어떻게 하겠소?"

이 몇 마디에 벽초는 누그러졌다. 고개를 끄덕이며 시인하지 않을 수 없었다. 개도 제 주인은 안다. 하물며 제 민족을 알아보지 못하고 변절하는 무리들이야말로 개만도 못하지 않은가? 곁에서 이 정경을 지켜본 해오는 만해의 촌철살인寸鐵殺人적인 그 비유에 전율을 느끼는 충격을 체험하지 않을 수 없었다. 무릇 천만 권 성인의 명언보다도 입지立志를 판가름하는 중천금重千金의 한마디였다.

만해의 님은 조국과 민족과 마음이 그 모두였다. 또 중생과 민중이 그 주인이었고, 잃어버린 나라, 빼앗긴 주권이 곧 님이었다. 그는 평생토록 깨달음에 이르는 과정으로 님을 찾

았다. 그리운 님의 얼굴을 찾아 헤매며 유심惟心을 온전히 내 것으로 하고자 싸우는 동안 호적戶籍마저 차압당했다.

그렇지만 굳세게 살았고, 그럴수록 더욱 굳건히 버티었다.

"그래, 서울을 송두리째 소개疏開한다 한들 상관하랴. 나 혼자만이라도 이 서울에 남겠다."

그의 피맺힌 믿음의 절규였다.

만해, 그는 역사의 마지막 밤을 지킨 등대지기이며, 중생의 성스런 불꽃이었다.

이것이 만해가 민족혼을 굳게 지키면서 주위 사람들에게 감화를 준 하나의 모습이다. 따라서 만해를 두고 민족혼의 낙락장송이라고 해도 오히려 부족함을 느끼게 한다.

한평생 님을 절대 신앙한 그에게 님밖에는 다른 아무것도 의미를 지니지 못하였다. 만해의 길은 의로운 길이었다. 칼날을 밟고 의연한 길을 걷는 그는 이미 죽음을 초탈한 모습이었다.

만해의 생애는 애오라지 님을 빚어 낸 거룩한 싸움의 하루였다. 님과의 일치를 추구한 오솔길이었다. 자나깨나 님이 오기를 기다리면서, 님과 함께 태운 불꽃이었다.

그러나 그 시대에 님의 소리는 침묵이었다. 한용운은 그 장엄한 침묵의 표정으로 다시금 우리를 압도한다.

이제 그 침묵 속의 우렁찬 절규에 따라 우리도 역사를 참되게 살아가야 할 것이다.

2. 도도한 개혁의식

큰 뜻을 품고

수난의 역사가 낳은 인걸人傑 한용운은 어두운 시대의 빛이었다. 일제시대 때 호적이 없었지만, 해방 후 아들의 취적就籍 신고와 딸의 입학 수속 때 비로소 확인된 바, 그는 1879년 8월 29일 충청남도 홍성군洪城郡 결성면結城面 성곡리城谷里 491번지에서 대대로 선비 집안인 한응준韓應俊의 차남으로 태어났다. 어머니는 온양 방方씨였다.

그의 자는 정옥貞玉으로 호적에 기재된 이름이며, 속명은 유천裕天이었다. 나중에 입산 수도하여 득도할 때의 계명戒名은 봉완奉玩이었고, 법명法名은 용운龍雲, 그리고 법호法號가 만해卍海·萬海였다. 세상에서는 법호인 만해와 법명 한용운이 가장 널리 알려져 있는데, 본인이 생시에 많이 써왔기 때문이다.

그의 청주 한韓씨 가문은 대대로 벼슬을 한 모양이었으나 아버지와 형 한윤경韓允敬은 국운이 위태로울 때 의인義人의 길을 걷다가 몰살당하는 비운을 맞이했다.

본래 홍성은 옛날 홍주洪州 시절부터 선비의 고을로 정평

이 있었다. 또한 구한말의 드센 풍운 속에서 의병義兵 항쟁의 요람지이기도 했고, 청산리青山里 전투의 용장 김좌진金佐鎭 장군을 배출한 명소이기도 하다. 특히나 한용운이 입산하여 중이 되기 전까지 나서 자라고 교육을 받은 곳일 뿐 아니라, 집안이 몰락해 가는 과정이며, 마을 사람들이 관리에 의하여 또는 일본 세력에 의하여 여지없이 짓밟히고 패망하고 억울한 죽음을 당하는 참경을 지켜 보기도 한 못 잊을 초토焦土였다.

소년 유천은 몸집은 작으나 힘이 세고 모험심이 강하였다. 담력 또한 엄청났다. 소년은 어려서부터 밖으로 나가기를 좋아하는 이상한 버릇이 있었다. 차차 자라나면서 산기슭이나 외진 들녘에 나가서 노는 일 때문에 양친으로부터 꾸중을 들을 때가 많았다. 어디에 나가 혼자 있기를 좋아하는 그런 성미였다.

여섯 살 때에 그는 서당에 다니며 글공부를 하면서 성곡리의 신동神童으로 알려졌다. 여덟 살이 되어 그의 집은 결성 성곡리에서 홍주로 이사를 갔다. 두메 산골에서 홍성읍洪城邑 남문리南門里로 나왔으나 가세가 여의치 못해 다시 오관리伍官里·남장리南長里 또는 월산月山 기슭으로 떠도는 집안 형편이었다. 아버지는 미관 말직에 있으면서도 둘째 아들의 교육에 몰두하는 한편, 장래 쓸 만한 위인이 되도록 훈계의 말을 늘 잊지 않았다. 그래선지 소년은 기운이 장사인데다가 누구도 그 재주를 따를 수 없었다는 전설적인 이야기도 있고, 아홉 살에 《서상기西廂記》를 독파하고 《통감通鑑》의 뜻을 해득하는가 하면, 《서경書經》 기삼백주朞三百註를 통달하여 총명한 아이라 일컬음을 받았다고 한다.

소년은 자라면서 남다른 점이 있었는데 키 작은 아버지를 닮아서 그리 힘깨나 쓸 체격은 아니었지만, 싸우게 되면 끝까지 싸우는 철저한 기력氣力을 과시했다. 10대의 소년이 하루는 남산에 올라갔다가 행방 불명이 되었다. 산기슭 깊은 골짜기에 추락해 있는 것을 사람들이 찾아냈다. 뼈가 상해 다리를 제대로 못 쓸 만큼 치명상이었으나 소년은 아픔을 참고 있었다. 달포나 그는 치료를 받아야 했다. 부러진 다리는 회복이 되었으나 과중한 치료비로 학자금 부담이 어려워 당분간 서당 생활을 중단해야 했다. 서당에 다니지 못하게 된 대신 그는 여기저기에서 야사野史를 주워들을 수 있었고, 민가에 떠도는 설화說話에 깊은 관심을 지녔다.

그가 아명兒名 유천을 버리고 정옥貞玉으로 개명한 것은 그 무렵이었다.

글방 시절의 어느 날, 그는 《대학》을 읽으면서 책의 군데군데에 먹칠을 하고 있었다. 이상히 여긴 훈장이 그 까닭을 묻자,

"정자程子의 주註가 마음에 들지 않아서요"
라고 대답하여 주위 사람을 놀라게 했다.

그 뒤 그가 한학에 정진하면서 서당에서 숙사塾師로 학동들을 가르칠 정도로 실력을 갖고 있었으며, 어떤 책이든지

며칠 사이 다 통달하여 동접들에게 나누어줄 정도였다. 그는 한평생 책을 별로 소장한 일이 없었다.

당시 풍속에 따라 그는 10대 소년으로 전정숙全貞淑과 결혼한 몸이었다.

그러나 철저한 애국지사를 아버지로 모신 만해는 한 여인이나 가족을 위한 세속적인 생활에 매달릴 수가 없었다.

한번은 을미 의병활동 자금을 마련하기 위하여 홍성 호방의 관고官庫를 습격하고 천 냥의 거액을 탈취한 적도 있었다. 화랑도 기상에 넘치는 그였으나 결국 가출을 단행하지 않으면 안 되었다. 담뱃대 하나만 들고 그는 홀연 집을 나선 것이다.

만해가 중이 된 것은 무슨 이유에서일까?

그가 태어난 시대가 그를 중이 되지 않을 수 없게 했다. 그가 영생永生과 탈속脫俗만을 누리고자 승방僧房을 선택한 것으로는 여겨지지 않는다. 그는 그의 인생을 구제하고 사회에 헌신한다는 강렬한 시대적 요청에 의하여 출가出家를 단행하게 되었다.

전통적인 유교 가문에서 태어나 소년 시절을 보낸 그는 아버지로부터 그의 일생을 좌우할 만한 교훈을 받았다. 기회 있을 때마다 아버지는 국가와 사회를 위하여 한몸을 바친 옛날 의인義人들의 행적行蹟에 대한 이야기를 들려주었다. 아침 저녁으로 책을 읽다가도 그는 무슨 감회가 있을 때마다 가끔 어린 아들을 불러 세우고 역사상에 빛나는 의인들과 위인들의 언행을 가르쳤으며, 또한 세상 돌아가는 일, 국가와 사회의 모든 일 등을 알아듣도록 타일러 주었다.

한용운은 어린 마음에도 역사상에 빛나는 그들의 기개氣槪와 사상을 숭배하는 마음이 생겨 어떻게 하면 그렇게 훌륭한 사람이 될 수 있을까 하는 생각을 품게 되었다. 가슴에 일기 시작한 불길은 '나도 저런 위인 같은 사람이 되었으면……' 하는 생각으로 번졌다.

그의 나이 스물 전후 해서였다. 바로 20세기의 문턱 그 무렵이었다. 나라의 대세가 기울기 시작하여 서울에서는 무슨 조약이 체결된다는 등 어수선한 분위기가 되면서 뜻있는 인사들이 서울을 향하여 구름같이 모여든다는 소문이 나돌았다. 너무도 크게 국가의 대동맥이 흔들리는 판이어서 소문은 바람을 타고 자꾸 흘러서 경향을 막론하고 웅성거렸다. 그의 고향 홍성에서도 정세를 판단한 여러 뜻있는 인사들이 여기저기에 모여서 수군거리는 것이 도무지 심상찮았다.

그래서 그는 여러 날을 두고 생각한 끝에, '지금 이렇게 산골에 파묻혀 있을 때가 아니구나' 하는 결심을 지니고, 어느 날 아침 폐포파립弊袍破笠으로 표연히 집을 나와 상경길에 올랐다. 서울이 있다는 방향으로 발길을 옮겨 놓기 시작한 그는 부모에게 알린 바도 아니었고, 수중에 한 푼의 여비도 없었다. 서울 가는 길 방향도 몰랐으나 남이 가르쳐 주려니 하고 아주 태연하게 걸었다.

걸음을 재촉하다 보니 날은 이미 기울고 발에는 노독路毒이 나고 배가 너무 고파서 한 발짝도 더 옮길 수 없었다.

어떤 주막집에 찾아 들어 팔베개를 하고 그 하룻밤을 넘기게 되었다. 그제야 무모한 출가에 대한 여러 가지 의구가 일어났다. 적수 공권赤手空拳으로 어떻게 나라 일을 도울 것인가. 한학의 소양밖에 아무 학식도 없고 실력도 없는데 어떻게 큰 뜻을 이룰 것인가.

밤이 깊도록 몸을 뒤척이며 이 생각 저 생각 끝에 문득 아홉 살 때 읽은 《서상기》의 통곡痛哭 1장이 떠올랐다.

인생이란 덧없는 것이 아닌가. 밤낮을 가까스로 살다가 생명이 끊어지면 무엇이 인생인가. 명예인가, 부귀인가. 그 모두 다 아쉬운 것이 아닌. 목숨이 다함과 동시에 모든 것은 일체 공空이 되고, 무색無色하고, 또 무형無形한 것이 되어 버리지 않는가. 무엇 때문에 글을 읽고, 무엇 때문에 의식주 생활을 하려고 애를 쓰는가. 그의 회의는 점점 커져 갔다.

그는 이 회의 때문에 머리가 끝없이 혼란해져서 5, 6일 동안 밥도 제대로 먹지 않고 괴로워한 적이 있었다.

삶에 대한 깊은 성찰

인생은 고적孤寂한 처지에 놓이면 역시 그에 따라 고적한 생각을 품게 된다. 그는 인생이란 무엇인지 그것부터 알고 보자는 마음과, 앞날을 위하여 실력을 양성하겠다는 불 같은 결심을 하기에 이르렀다. 인생 문제의 해결을 위하여 그는 이제 서울 가는 길을 버리고, 사찰을 찾아 충청북도 보은에 있는 속리산俗離山으로 향했다. 그는 법주사法住寺에서 얼마간 있다가 다시 더 깊은 심산유곡의 대찰大刹을 찾아서 강원도 설악산 백담사百潭寺로 갔다.

당시 백담사에는 이름 높은 도사道士가 있다는 말을 듣고 여러 날 산골 길을 헤매며 그곳에 도착했다. 만해는 곧 탁발승托鉢僧이 되어 불도佛道를 닦기 시작했다. 물욕·색욕에 얽매일 청춘의 몸이 한갓 도포자락을 감고 고깔을 쓰고 염불을 외며 도를 닦는데 몇 해를 보냈다. 완전히 현세를 초탈한 행위였으나 그 자신은 그렇게 철저한 도승道僧이 아님을 알게 되었다.

승방에 수년 동안 묶여 있어도 결국 삶의 모든 문제는 혼란스러웠고 청춘의 뜻을 완전히 굽히기란 어려웠다. 다시 번민이 일기 시작했다. 마음의 안정을 얻지 못한 그는 《영환지략瀛環地略》이란 책을 대하게 되었다. 한국 이외에도 넓은 천지가 이 책에 전개되어 있었다. 그 넓은 세상에 나가 뜻을 펴볼까 하는 생각이 불현듯 만해를 사로잡았다.

그의 입산 동기가 단순한 신앙만을 위한 것은 아니었던만큼, 깊은 설악산에 자리잡은 지 오래지 않아서 그는 번민을 누를 길이 없어 무전 여행으로 세계 만유漫遊의 길에 오르게 되었다. 세계의 사정과 지리를 너무도 모르는 그로서는 세계 만유의 진로를 대강이라도 알려면 그래도 사람이 많이 모이는 서울로 가야 한다는 생각으로 백담사에서 서울로 향하게 되었다.

때는 음력 2월 초순이었다. 산에는 눈이 쌓여 있고, 산골 냇물은 얼음이 있는 곳도 있었으나 들과 양지는 눈이 녹아 가는 해빙기였다. 얼음이 녹아서 흐르는 냇물도 있었다. 백담사에서 서울로 가자면 산길 20리를 나와서 한 내를 건너야 하는데 물이 1마장이나 흐르고 있으나 물론 건너갈 다리도 없었다. 그곳이 가평천加坪川이었다. 눈이 녹아 내리는 물로 내는 상당히 불어 있었다. 눈 녹은 물은 얼음보다도 찼다. 내를 건너야만 서울도 가고 세계 편력도 가능할 터였다. 그러나 그는 주저하지 않을 수 없었다. 말하자면 세계일주의 첫 난관이었다.

그는 용기를 내어 옷을 허벅다리까지 걷어올리고 건너기 시작했다. 산골 내에는 크고 작은 둥근 돌이 깔려 있고 물이끼가 껴서 미끄럽기 짝이 없었으며 발을 붙이기도 어려운데 가평천은 더욱 심했다. 건너기 시작한 지 얼마 되지 않아 물이 뼛속까지 차갑게 느껴질 뿐 아니라, 발을 디디는 대로 미끄러지고 부딪쳐서 차고 아픈 것을 견딜 수가 없었다. 냇물 중간쯤에 이르러서 다리가 저리고 아프다 못 해 감각이 마비될 지경이었다. 그의 육체는 저항력을 잃고, 정신은 인내력을 다하였다. 정신의 인내력은 좀더 버틸 용기가 있다 하더라도 감각과 저항력을 잃게 된 그의 다리는 비틀거리기 시작했다. 앞으로 나아갈 수도, 뒤로 돌아설 수도 없는 진퇴

유곡進退維谷이었다. 남은 일이라면 주저앉거나 넘어지는 것뿐이었다. 20대의 한용운은 이 경우 어떻게 할 것인가.

    백척간두百尺竿頭 진일보進一步, 홀연히 생각하였다. 나는 적어도 한푼 없는 맨주먹으로 세계 만유를 떠나지 않느냐. 어떠한 곤란이 있을 것을 각오한 것이 아니냐. 인정은 눈 녹은 물보다 더욱 찰 것이요, 세도世途는 조약돌보다 더욱 험할 것이다. 이만한 물을 건너기에 인내력이 부족하다면 세계 만유라는 것은 부질없는 일이 아닌가 하여서 스스로 나를 무시하는 동시에 다시 경책警責하였다. 차고 아픈 것을 참았는지 잊었는지 모르나 어느 겨를에 피안彼岸에 이르렀다. 다시 보니 발등이 찢어지고 발가락이 깨어져서 피가 흐른다. 그러나 마음에는 건너온 것만이 통쾌하였다. 건너온 물을 돌아보고 다시금 일체유심一切惟心을 생각했다.

— 〈북대륙의 하룻밤〉에서

    만해는 건너기 어려운 큰 냇물을 건넜을 뿐만 아니라, 그보다 더 큰 깨우침을 지닐 수 있었다. 유심의 길은 만해의 과정이었고, 생애를 통한 체험으로 실증된다. 그가 어떠한 일에 있어서나 의지를 관철한 것은 일체유심으로 절대진리의 경지에 다다른 것을 말해준다. 스스로를 돌보지 않음으로써 그는 대아大我를 성취했다. 평생을 두고 피를 흘리는 고통 속에서 그는 일체를 해탈해 나갈 수 있었다. 더욱이 그가 산 시대는 좀처럼 건너기 쉽지 않은 강이 늘 가로막히고는 했다. 그러나 만해는 슬기와 용기를 가지고 꿋꿋이 자신의 수많은 고행의 강을 건넜다.

아픔과 통쾌감이 엇갈리는 마음으로 그는 냇가에 앉아 버선을 신고 있었다. 마침 쉰 살쯤 돼 보이는 남자와 30대의 여자가 그에게 다가왔다.

"이 물을 건너오셨소?"

"네."

"얼마나 깊습니까?"

"그다지 깊지는 않습니다. 다리만 걷어올리고도 건널 만합니다."

"대단히 차지요?"

"네, 굉장히 찹니다."

그는 물에다 손을 넣어 보더니 얼굴을 찡그리면서,

"에구, 차서 못 건너가겠군. 돌아서 가야겠네"

하고 물을 거슬러서 산기슭으로 올라갔다. 여자는 혼잣말로,

"돌아가면 언제 가게"

하더니 버선을 벗어서 한 손에는 버선과 짚신을 들고, 다른 한 손으로 옷을 걷어 잡고 물에 들어서더니 진저리를 치면서 건너가는 게 아닌가.

그러나 냇물을 반도 채 건너지도 못해 그만 넘어졌으며, 두어 번 구르다가 일어나서는 벌벌 떨기만 하고 오도가도

못 하였다. 이 광경을 본 청년 만해는 옷을 걸을 사이도 없이 그대로 물 속에 뛰어들어 그녀를 업어서 건네주고, 다시 건너올 때는 비교적 유유한 모습으로 왔다. 그는 마치 한 정복자가 된 듯한 자부심으로 마음속을 달랠 수 있었다. 주막에 가서 옷을 말리는데 사람들은,

"그 가평천은 눈 녹은 물이 내릴 때는 산으로 돌아서다니고 좀처럼 건너지 못하는데……"

하며 그에 대한 칭찬을 하였다.

서울로 온 만해

상경한 그는 세계의 지리와 국제 동정에 대하여 알고자 했으나 체험담을 들을 만한 곳이 없었다. 설악산 백담사에서 불목하니(절에서 밥 짓고 물 긷는 일을 맡아서 하는 사람) 노릇을 하던 이름 모를 중을 누가 상대해 주었겠는가. 또한 세계에 대한 체험을 가진 사람이 당시로서는 너무도 적었던 모양이다.

그는 할 수 없이 진로를 스스로 결정하지 않으면 안 되었다. 가까운 러시아로 먼저 가서 중부 유럽을 거쳐 미국에 건너가려는 거창한 계획을 짰다. 그러자면 원산元山에 가서 배편으로 블라디보스토크에 상륙해야 했다.

만해는 서울에서 원산으로 향하는 도중에 두 사람의 스님을 만났다. 한 사람은 그와 함께 백담사에 있던 중이었고, 다른 사람은 금강산 마하연摩訶衍에 있는 중이었다. 그들은

블라디보스토크로 다스포라는 물건을 사러 가는 길에 만해와 동행하게 되었다. 원산에서 3인이 같이 배를 타고 블라디보스토크로 가는데, 그가 기선을 타기는 처음이었다. 불과 500톤밖에 안 되는 작은 배였지만 처음 타보는 기선의 내부를 자세히 관찰하며 신문명에 탄복했다.

블라디보스토크 항구 밖에 이르러 배는 항해를 멎었다. 갑판 위에서 항구와 그 부근의 촌락들을 바라보다가 만해는,

"왜 배가 정지하지요?"

하고 선원에게 물었다. 선원이 대꾸하기를,

"항구 안에는 수뢰水雷를 묻어서 항로를 알 수 없으므로 어느 나라 배든지 여기 와서 신호를 하면 러시아 사람이 나와서 배를 몰고 갑니다."

이윽고 기적이 울리자 자그만 증기선이 쏜살같이 달려온다. 러시아인이 배에 올라서자 다시 항해가 계속되었다. 항구 안 바다에 수뢰를 묻고, 입항 선박은 자기 나라 사람으로 하여금 운항하게 하면서 자신들의 나라를 지키고 있었다. 갑오경장甲午更張 이전에 병마兵馬 6천도 안 되는 상태로 태평세월의 잠을 자던 조국의 현실을 생각하니 만해의 자극은 컸다.

배가 항구에 들어가자 곧바로 배에서 부두로 상륙하게 되어 있었다. 만해는 그 국가 설비에 놀라지 않을 수 없었다. 상륙할 때에 선객들은 대부분이 상인과 노동자요, 그 중에서도 머리 깎은 사람은 그의 일행과 다른 두 명이 있을 뿐

이었다.

만해 일행은 배에서 내려 한국인의 부락인 개척리開拓里를 찾아가는데, 길가에 드문드문 보이는 한인 교포들은 그들을 유심히 주목하며 수군거렸다. 만해는 복주감투〔僧冠〕라는 것을 쓰고 있어서 마음에 좀 걸렸으나 그들의 동작이 좀 이상한 것으로는 생각지 않았다.

개척리에 이르러 길가의 한 여관에 들었다. 여관에 든 사람들 역시 만해 일행을 이상한 시선으로 보면서 무엇인가 수군거리는 눈치였다.

저녁 식사를 마치고 나자 곧 날은 저물었다. 문밖의 길에서 여러 사람이 몰려가는 소리가 요란스러웠다. 여관의 다른 사람들이 구경을 하고 들어와서 서로 수군거렸다.

"또 죽이러 나가려나 보오."

"몇인가?"

"둘일세."

"이번에 배에 내린 사람?"

"그렇겠지."

"사람 무척 죽는군!"

이런 말을 듣게 된 만해는 등골이 오싹해짐을 느끼지 않을 수 없었다. 그래서 그 내막을 물었다.

"지금 사람을 죽이러 나간다니 어떤 사람을 죽이러 간다는 말이오?"

"예, 여기는 조선에서 머리 깎은 사람만 들어오면 죽이는

데, 오늘 배편에 온 두 사람을 아까 죽이러 갔답니다."

"머리 깎은 사람을 죽이다뇨?"

"일진회원—進會員이라 해서 그런답니다."

"누가 죽이나요?"

"조선 사람들이 죽이지요."

"뭣 하는 사람들이오?"

"하기야 무얼 하겠소. 먼저 여기 와서 자리잡고 러시아에 입적入籍한 사람들이 많지요."

"재판을 하나요? 어떻게 죽입니까?"

"재판이 다 뭐요, 덮어놓고 죽이지요."

"어떻게 죽이는데요?"

"바다에 갖다 던집니다."

"여기는 사람을 그렇게 함부로 죽여도 괜찮소?"

"아무 일 없지요."

"아무 일 없다니. 여기는 경찰도 없고 아무 법도 없단 말인가요? 사람을 그렇게 함부로 죽인대서야 어디 우리가 살수 있나요?"

"여기는 경찰이 있으나 마나죠. 그런 일 말고라도 저녁이면 길가에서 강도에게 사람이 죽지 않는 날이 별로 없답니다. 더구나 조선놈끼리 서로 죽이는데 여기 경찰이 아는 체할 까닭이 있소?"

"그러면 머리 깎은 사람을 얼마나 죽였나요?"

"퍽 죽였죠. 들어오기만 하면 죽이니까요."

"일진회원인지 아닌지 분간도 없이 머리 깎은 사람이면 다 죽여서야 되겠소?"

"지금 조선 사람 중엔 일진회원 아니고서야 머리 깎은 사람이 있습니까? 그러니까 다 죽이나 봅니다."

"우리들은 왜 아니 죽이나요?"

"글쎄요, 알 수 없습니다. 아직 더 두고 봐야죠."

그의 말에 만해는 무섭기도 하고 의아스러워서 잘 믿어지지가 않았다. 그러나 몇 사람의 말을 종합해보니 확실한 사실이었다. 세 스님의 운명도 이제 바람 앞의 등불이었다. 경찰에 가서 구원을 호소할까 하고 준비를 서둘렀다.

블라디보스토크의 동포들

바로 그때였다. 문밖에 여러 사람이 몰려왔다. 양복 차림의 청년과 장년 10여 명이 신발을 신은 채로 여관 방에 들어와 만해 일행을 에워쌌다. 그들은 모두가 공격용 무기인 듯 단장 하나씩을 지니고 있었다. 사자의 아가리에 들게 된 처지에서 만해는 그들을 못 본 체하고 담담한 표정으로 턱을 괴고 앉아 있었다.

그들 중 장년 한 사람이 만해 앞에 앉으면서,

"너희는 다 뭐냐?"

하고 눈을 부라리며 묻는다.

"우리는 중이지요."

만해의 대답이었다.

"중은 무슨 중이야. 일진회원이지?"

"아니오. 우리의 의관이든지 행장을 보아도 알 텐데요."

"정탐하기 위해서 변장을 하고 온 거지. 그러면 우리가 모를 줄 아나?"

"아닙니다. 본국 절에 조사를 해도 알 것이오."

"중놈이 아닌 것이 뻔하다. 중놈이면서 우리가 들어오는데 다리를 포개고 앉아 있다니 말이 되는가?"

"그게 나쁜 일이오?"

"나쁜 일이 아니라니! 중놈이라면 우리가 들어오는데 보고만 있을 게 아니라 으레 일어나서 절을 해야지, 그렇게 불손하게 본 체 만 체한단 말이냐? 암만 해도 너희들은 변장을 하고 온 일진회원들임에 틀림없다."

괴한은 만해를 때리려고 단장을 들어 겨눈다. 만해는 일시 해명을 늘어놓으며 불상佛像의 가부좌跏趺坐라는 것이 그렇다는 것을 밝혔다. 그들은 그것이 무엇인지 몰라 잠자코 있었다. 만해는 행장을 보자는 그들의 말에 따라 보따리부터 풀어 보이며 승복僧服과 《금강경》 책을 보여 주었다. 다른 중들도 행장을 조사받으며 공포에 떨고 있었다. 마하연 중의 행장에서 나무목으로 만든 표주박 곧, '금강산 혹'이라는 것이 나와 그들은 실소를 금치 못했다.

분위기는 다소 부드러워진 성싶었다.

"오늘은 밤이 늦은 관계로 내일 너희들을 처치하기로 한다."

그리고 여관 주인을 부르더니 괴한들은,

"이자들이 도망하지 못하게 잘 감시하시오"

라고 내뱉고는 일제히 몰려갔다.

만해 일행은 사형 선고를 받고 감금당한 신세가 되었다. 죽게 될 시간이 임박해왔다. 집행을 기다리는 도형수徒刑囚들은 잠 한숨 제대로 이룰 수가 없었다.

이튿날 새벽, 만해는 주인을 불러 밤에 몰려와 일행에게 수작을 부린 수괴의 정체를 알아냈다. 그는 엄인섭嚴寅燮이라는 위인으로 노령露領에서 생장하여 교육을 받은 군속軍屬이며 다소 전투에서 세운 공로가 있어 훈장까지 달고 다니는 터였다.

죽음의 순간에 임박한 만해는 기지機智를 써서 활로를 개척할 셈으로 곧 주인을 대동하고 엄인섭의 집을 찾아갔다. 그는 아직 잠자리에 있었다.

"할말이 있어서 왔습니다."

옷을 입고 나온 그가 만해를 맞이했다.

"죽기 전에 유언이 있어 왔습니다."

만해의 침통한 말에,

"유언? 그래, 무슨 유언인가?"

하고 정색을 했다.

"다른 유언이 아니오. 들으니 당신네가 사람을 죽이되 바다에 갖다 넣어 죽인다 하는데, 나는 바다에 넣는 대신 거저 죽여서 백골이나마 고국에 갖다 묻히게 해달라는 부탁이오."

이 말을 하는 만해의 언성은 비장하였다.

그는 결국 만해의 입장을 알았다는 듯이 다소 밝은 표정을 지으며,

"우리 이노야李老爺의 집으로 가볼까요"

한다. 따라서 가보니 그 마을의 이장里長 같은 중요한 일을 맡은 사람으로, 장자長者의 풍도가 있어 보였다. 만해는 이노야 앞에서 자기가 출국하여 블라디보스토크까지 온 사정을 상세히 설명했다. 나중에야 그는,

"그렇다면 스님들한테는 아무 일도 없게 할 테니 안심하고 돌아가시오"

하고 말했다.

여관으로 돌아오면서 만해는 먼 이국에서 죽을 뻔한 위기를 넘긴 안도의 한숨을 쉬었다. 만해는 죽기만 기다리고 있는 동행 스님을 위로하여 안심시켰다. 아침 식사 때 엄인섭이 찾아왔다.

"어젯밤 일은 미안하오. 여기 블라디보스토크로부터 하바로프스크까지는 전부가 위험 지대이니 갈 생각은 마시고 블라디보스토크 항구 일대나 구경한 다음 귀국하도록 하십시오. 항구 구경도 위험하니 내 명함을 가지고 다니시오."

그는 명함을 만해에게 건네 주면서 사인을 했다. 만해는 유일한 호신책으로 알고 그것을 지니었다. 갑갑하여 우선 항구나 돌아보려고 동행자의 의향을 물어 봤으나 중병을

치른 사람들처럼 모두가 반대하여 만해 혼자 나서게 되었다. 항구 앞바다 모래 사장으로 나가자 이윽고 양복 차림의 한인 청년 대여섯 명이 만해를 불러 세웠다.

"네가 어제 배에서 내린 사람이지?"

이에 만해는 엄의 명함을 보였다. 그들은 그 명함을 받자 찢어 버리고 만해의 두 팔을 잡고, 또는 등을 밀면서 바다 쪽으로 갔다. 만해는 다시금 죽음의 기로에 서게 되었다. 사태는 위급해졌다. 만해는 바다에 던져질 위기를 모면하고자 있는 힘을 다하여 완력으로 최후의 항거를 하기 시작했다. 치열한 격투가 벌어졌다. 힘이 장사까지는 아니어도 만만찮은 만해였다. 때마침 멀찍이서 구경하고 있던 청나라 사람 한 사람이 다가와 싸움을 말렸다. 그는 다행스럽게도 한국 말이 유창했다. 자초지종을 만해로부터 들은 그는,

"이거 보오. 같은 조선인으로 외국에 나와서 함부로 죽이려는 것은 어느 개인만의 불행이 아니오. 이러지들 마시오"

하고 그들을 만류했다. 그러나 그들이 그 중국 사람의 말을 고분고분히 들을 리가 없었다. 더욱더 만해를 끌고 바다 쪽으로 가려 했다. 그리고 만해는 그들과의 격투에 안간힘을 썼으나 사태는 더욱 악화되어 갔다. 중국 사람이 큰소리로 외치자 얼마 안 있어 러시아 경관 두 사람이 달려와 만해는 겨우 위기를 면하였다. 이제 차를 탈 만한 여비도 없는 그가 도보로 전전하기는 도저히 불가능했고, 오직 고국의 품으로 돌아오는 길밖에 없었다.

동행했던 두 사람도 만해와 함께 귀국하기로 했지만 딱하게도 배삯이 없었다. 그러나 50리 바다를 건너면 육로로 가는 길이 있음을 알고 시각을 다투어 목선木船을 탔다. 여러 날 만에 두만강을 건너와서야 그들은 안도의 숨을 내쉬었다. 고난을 헤치고 구사일생으로 환국하기까지 북대륙 블라디보스토크의 하룻밤은 만해의 뇌리에서 떠나지 않았다.

귀국했을 때는 각처에서 의병이 일어나 사회 정세는 매우 어지러웠다. 만해는 강원도 간성杆城에 머물다가 안변安邊 석왕사釋王寺 깊은 암자에 묻혀 다시금 참선 생활에 들어갔다.

고난을 뚫고

석왕사에서 나와 다시 이곳 저곳을 정처 없이 방황하다가 고향으로 돌아와 본 그는 난감했다. 가친家親과 함께 형님이 의병에 가담했다가 참형斬刑을 당한 뒤라 고향은 이미 타향이었다.

그래서 또다시 백담사에 들어가 불목하니 노릇을 하며 도승道僧의 생활을 했다. 만해는 기운이 세었으므로 한꺼번에 많은 몫의 나무를 해올 수 있었다.

1905년 1월 26일, 그는 백담사에서 김연곡金連谷 선사에 의해 득도得道하였다. 그 동안 그의 본향에서는 부인이 아들을 낳았다. 1904년 12월 21일에 태어난 아들은 보국保國이었다. 보국은 사실상 유복자의 운명을 타고난 것이나 다름없었다.

만해의 이 무자비한 출가 단행은 가정을 버린 횡포였기에 그에게는 뼈에 사무치는 자책감이 있었다.

나는 본래 탕자蕩子였다. 중년에 선친이 돌아가시고 편모를 섬겨 불효에 이르렀더니, 지난 을사乙巳(1905)에 입산해서는 더욱 국내·외국을 떠돌았다. 그리하여 마침내 집에 소식을 끊고 편지조차 하지 않았는데, 지난해에 노상에서 고향 사람을 만나 어머니 돌아가신 지가 3년이 지났음을 전해들었다. 이로부터 만고에 다하지 못할 한을 품게 되었고, 하늘의 크기로도 남음이 있는 죄를 짓는 결과가 되었다. 지금에 이르도록 이를 생각할 때마다 부끄럽고 떨려 용납키 어려워 부지불식중 가슴이 막히고 몸이 떨려지기에 감히 천하에 알려서 벌이 이를 것을 기다린다.

—《조선불교유신론》삽입절에서

그렇지만 의인이나 위인들은 가속을 돌볼 겨를이 없었던 점에서 불가피한 미덕으로 간주될 수도 있다. 희생 없이 큰 일은 성취되지 않는다. 무서우리만큼 철저한 결단성이 만해에게 없었던들 한평생 그토록 대담무쌍한 일로 많은 업적을 남기기 어려웠을 터이다.

그의 과단성은 득도의 길을 걷게 했으며, 대도大道의 체득을 통하여 민족 사회에 크게 기여할 수 있었다. 스무 살 전에 그가 서당에서 학동들을 가르칠 무렵 틈이 생기면 동료들에게 이렇게 말하고는 했다.

"여기서는 일을 못 해. 큰 세상에 나가야 한단 말야. 나가야 더 배우고 일도 할 수 있지. 상투 틀고 앉아서 이 짓만 하다가는 아무것도 안 될 테니……"

그래서 그는 출분出奔을 단행하기는 하나 더 큰 세상이라기보다 깊은 골짜기로였다. 백담사는 오세암伍歲菴에서 30리 아래에 있는 관할 사찰이다. 백담百潭이란 이름은 계곡에서 백담사까지 올라가는 길에 못이 100개나 된다는 데서 나온 이름이었다. 오세암은 백담사와 함께 내설악內雪嶽의 절경에 자리한 명승지로 손꼽힌다. 일찍이 생육신生六臣의 한 사람으로 현실을 철저하게 부정하며 대결하려 했던 동봉東峰 김시습金詩習 같은 천재 기인奇人도 오랜 세월을 오세암에서 참선 생활을 했다. 한용운도 오세암과 백담사를 오르내리며 참선 생활을 해나갔다.

그가 중이 되어 머리를 깎게 되었을 때 인생의 허무함을 새삼 실감하며 땅 위에 뒹구는 자신의 상투를 보았다. 청년 스님은 이제 티끌 세상을 버리기로 했다. 만해는 그 동안 상당히 많은 경전을 섭렵하였기에 비구계比丘戒 250계를 받았다. 그는 어엿한 비구승이 되었다. 연곡 스님은 퍽 슬기로운 스님이었다. 만해와 같은 사람을 상좌上座로 삼은 것이 대견스러웠다.

스물일곱 살에 만해는 백담사에서 전영제全永濟 스님에 의

하여 수계受戒하였고, 그 석달 뒤인 4월 이학암李鶴庵 스님으로부터 〈기신론起信論〉〈능엄경楞嚴經〉〈원각경圓覺經〉을 수료함으로써 승려로서의 자질을 연마하였다.

그 뒤 서진하徐震河 스님 문하에서 선학禪學을 수업했다.

스승 서진하 스님의 가르침은 만해에게 뼈에 스미는 교훈이 되었다. 만해가 나중에 겸허와 사양의 덕을 쌓은 이면에는 그의 스승 서진하의 숨은 가르침이 있었기 때문이다.

금강산에서 태백산까지 스승을 따르면서 모시던 만해는 그와 작별하고 다시 설악산 오세암으로 돌아왔다. 여기서 그는 스승의 깊은 교훈을 음미하며 수도 생활에 정진했다.

이 무렵부터 만해 한용운 스님은 글줄이나 읽으며 오만을 떠는 중이 아니었다. 구도승求道僧·선승禪僧 그리고 수좌首座 스님일 수가 있었다. 만해는 대자연 앞에서나 부처님 앞에서나 중생 앞에서 묵묵히 실력을 연마했다. 구도에의 일념으로 그는 마음속에 불꽃을 마련해 나갔다. 아직은 안으로만 타는 수도修道의 불꽃이었다.

참선에 밤이 깊는 줄 모르는 생활 속에서 만해는 불타佛陀의 오묘한 경지에 접근해 갔다. 그의 마음 또한 끊임없는 연마의 연속이었다. 수행修行을 통한 참선의 경지에서 그의 마음은 거울처럼 맑아질 수 있었다.

불자로서의 정진

1907년 4월 15일 만해는 강원도 고성 건봉사乾鳳寺에서 최초의 선수업禪修業인 수선안거首先安居를 성취하고, 이듬해 봄에는 서월화徐月華 스님을 찾아가 《화엄경》을 수학했다.

그러나 그의 마음은 다시 설레기 시작했고, 사나이의 뜻을 펴기에는 조선이 너무 비좁다는 생각이 들었다. 그러던 차에 새 문화와 새 문물 시찰을 하고자 그는 일본 여행의 길에 오르게 되었다. 1908년 4월이었다. 현해탄을 건너 시모노세키下關에 내려 도쿄東京로 갔다. 그는 조동종曹洞宗의 통치 기관인 종무원宗務院을 찾아갔다. 거기에서 홍진설삼弘眞雪三이라는 일본의 고승과 만나게 되었다. 그는 만해에게 조동종 대학에 입학하도록 우의에 넘치는 혜택을 베풀었다. 학비 한 푼 없이도 만해는 도쿄 조동종대학, 곧 코마자와 대학駒澤大學에 다니며 일어도 배웠지만 불교와 서양 철학을 청강하였다. 일본인 와아사淺田 교수와 한시도 지으며 교유交遊할 즈음 한국에서는 최린崔麟·고원훈高元勳·채기두蔡基斗 등이 유학생으로 도쿄에 왔다. 특히 최린과 교분을 두터이 한 만해는 그 해 10월에 귀국하기까지 일본 각처를 돌아보며 신문물을 두루 시찰할 기회가 있었다. 도쿄를 비롯하여 교토京都·미야지마宮島·닛코日光 등지를 순유巡遊하였다. 일본에 다녀온 그는 불교의 근대화 내지 대중화에 대한 뜻을 품게 되었다. 그것은 곧 그를 집념에 젖게 했다. 그러나 가장 큰 수확이 있었다면 그것은 유학생회 회장으로 활동하고

轉 大 法 輪 小海

부처님의 교법을 넓힌다는 설법 한용운의 불교 대중화 각오를 적고 있다.

있는 최린을 사귀게 된 사실이었다.

만해의 일본 시찰은 결국 그에게 두 가지의 성과를 안겨 주었다. 《조선불교유신론》의 저술 추진과, 최린과 함께 후일에 3·1운동을 이끌게 한 그것이다.

돌아온 만해는 건봉사에서 이학암 스님에게서 《반야경般若經》과 《화엄경》을 수료했다.

건봉사는 1450여 년이 된 고찰로 우리나라 3·1본산의 하나로 강원도 고성군 오대면 냉천리에 자리잡고, 백운동白雲洞에서 흘러내리는 물이 가경을 이루는 곳에 있다. 백담사·신흥사·낙산사 등은 건봉사의 말사末寺에 속한다. 이대련李大蓮 선사가 이 절의 주지로 있을 때 만해는 이 절의 사적을 편찬하여 1928년에 간행하였다.

만해가 건봉사에 있을 때였다.

어느 날 길을 가다가 술에 취한 그 지방의 어떤 부자를 만났다.

"이놈, 중놈이 감히 인사도 안 하고 가느냐?"

하고 지나쳐 가려는 만해를 가로막고 시비를 걸었다. 만해
는 못 들은 체하고 가던 길을 재촉했다. 그러자 부자가 따
라와 덤벼들었다. 만해가 한 번 세게 밀었다. 그는 뒤로 나
둥그러져 엉덩방아를 찧고 말았다.

만해가 절로 돌아온 얼마 후 수십 명의 청년들이 몰려와
욕설을 하며 소란을 피웠다.

"이놈들, 어서 덤벼 봐라. 못된 버릇을 고쳐주겠다"

하고 드디어 화가 난 그는 장삼을 걷어붙이고 힘으로 대결
하였다. 치고 받고 하는 격투가 벌어졌다.

자그마한 체구의 만해지만 그는 어렸을 때부터 남달리 힘
이 세어서 그를 당해 낼 사람은 많지 않았다. 청년들은 하
나둘씩 모두 꽁무니를 뺐다. 서울 칠보사七寶寺에서 주석하
는 강석주姜昔珠 노스님도 선학원禪學院 시절의 만해를 이렇
게 회고한다.

"선생은 기운이 참 좋으셨습니다. 소두小斗 말을 놓고 그
위를 가부좌를 한 채 뛰어넘을 정도였으니까요. 팔씨름을
하면 젊은 사람들도 당해 내지를 못했지요."

또 조명기趙明基 박사는 이렇게 말한다.

"만해 선생은 힘이 셀 뿐 아니라 차력借力을 하신다는 이
야기도 전하고 있지요. 일본 경찰이 뒤쫓을 때 어느 담 모
퉁이까지 가서는 어느 틈에 한 길도 더 넘는 담을 훌쩍 뛰

어넘어 뒤쫓던 일본 경찰을 당황케 했다는 말이 있어요. 그리고 커다란 황소가 뿔을 마주 대고 싸울 때, 맨손으로 달려들어 두 소를 떼어놓았다는 전설 같은 이야기도 있지요."

아무튼 만해는 남다른 역사力士이기도 했다.

1908년 12월 중순, 만해는 경성 명진 측량강습소京城明進測量講習所를 서울에 개설하고 그 소장이 되었다. 여러 사찰에 측량학교를 세우는 데 협력하며 측량에 대한 강연도 하였다. 이것은 일반인들의 인식을 높여 비록 국토는 일제에 빼앗길지언정 개인 소유 및 사찰 소유의 토지를 수호하자는 생각에서였다.

그 뒤 1, 2년을 두고 만해는 표훈사表訓寺와 화산 강숙華山講塾에서 불교 교리 강사로 일을 보기도 했다.

30대를 전후하여 청년승 만해는 평소에는 이렇다 할 말이 없는 승려였지만 비범한 데가 있었다. 글을 쓰고 참선을 하는 것이 일과였다.

안변 석왕사에서 만해가 참선 생활을 할 때 박한영朴漢永 강백講伯과 서로 사귀었다. 그들은 도를 논하고 호연지기浩然之氣를 길렀다. 때로는 기울어져 가는 국운을 열띤 목소리로 개탄도 했다. 석왕사 시냇물은 맑게 흘러도 역사의 흐름은 너무나 흐려 있었다.

그동안 백담사에서 《조선불교유신론》을 집필하면서 불교의 근대화와 대중화, 그리고 정신 문화의 쇄신운동에 앞장선 만해였다.

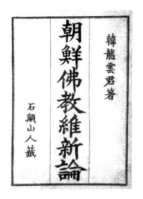

〈조선불교유신론〉표지(1913. 5.
25. 간행) 불교개혁과 유신의
대중화를 일으킨 한용운의
대표적 저서.

〈조선불교유신론〉선전광고문
《해동불보》6호).

1910년 백담사에서 탈고된《조선불교유신론》은 깊은 잠에
빠져 있는 한국의 불교계에 던진 개혁의 신호탄이었으며,
불교 근대화의 선언서였다.

일본을 다녀온 만해는 얼마 후 동래 범어사梵魚寺에 가 있
다가 지리산으로 가서, 이미 교분이 있던 박한영과 전금파全
錦坡를 만나 세 사람이 결의 형제를 맺었다. 그럴 즈음 서울
동대문 밖 원흥사元興寺에서 전국 불도들이 모여 불교대회를
연다는 소문이 들려와 만해 일행은 곧 상경을 서둘렀다.

그때는 이회광李晦光이 대표가 되어 승려 해방과 학교 건
설 등을 토의하고 있었다. 그러나 한·일 병탄이 되자 이회
광 일파는 한국의 사찰 관리권과 포교권 그리고 재산권 모
두를 일본에게 양도하는 내용으로 일본의 조동종曹洞宗과

계약을 맺으려 했다. 이회광은 원종圓宗 종무원 원장으로 친일파 승려였다. 그가 주선한 일본 조동종과의 야합은 한국 불교의 일본 예속화를 초래할 뿐이었다. 그러한 불교의 일본화는 우리 정신 문화의 파산을 초래할 것으로 여겨졌다. 나라를 잃고 이제 전통적인 불교까지 무너져 버릴 심각한 위기에 봉착하였다.

이제 그의 노여움은 불길 같았다. 청년 한용운은 이회광 일파의 민족 배신적인 처사에 참을 수 없어 그 이듬해 민족의식이 투철한 승려들을 모아 총궐기했다.

신해혁명辛亥革命의 불길이 중국 대륙에 자못 기세 높게 치솟을 때 청년 스님 만해는 순천 송광사松廣寺에 내려가 대규모의 승려대회를 개최하였다. 종단에서 민족 주체의식이 강한 박한영·진진응陳震應·김종래金鍾來·장금봉張錦峯 등과 궐기를 한 스님들은 친일파 이회광 일파를 종문의 난적으로 준열하게 규탄했다.

한·일 불교 동맹조약 체결 분쇄를 결의한 1월 15일의 회의는 선암사仙巖寺 김경운金擎雲 스님을 임제종臨濟宗 임시 관장에 추대했다. 승려대회는 "이회광 무리의 원종에 대하여 우리는 임제종을 창립하여 대결할 것을 다짐한다"는 내용을 만장일치로 결의하기에 이르렀다. 이날의 회의를 주재한 만해는 임제종 임시관장의 서리署理에 추대되었다. 그의 나이 서른셋이었다.

승려대회를 송광사에서 주재하여 큰 성과를 거둔 한용운

을 중심으로 한 스님들은 그 길로 동래 범어사에 가서 다시 승려대회를 개최하고 조선 임제종 종무원을 설치하였다. 처음에 서무부장이 된 만해는 3월 16일 조선 임제종 관장에 취임하여 이회광 일파의 친일적 흉계를 통렬히 공박했다. 계속 대구 등지를 거쳐 서울에 이르기까지 임제종의 포교망을 강화하면서 계속적인 투쟁을 전개해 나갔다.

이렇게 호남·영남 지방의 거족적인 승려대회는 그 정기가 하늘을 찌를 기세였다. 잠자는 승려들을 일깨웠고, 청장년의 사기를 북돋았다. 마침내 이회광 일파의 흉계는 무너져 갔다. 문제의 한·일 불교 동맹조약이 취소됨으로써 불교는 그 위기를 모면하였다. 이는 종문 난적의 음모를 분쇄한 일종의 항일 투쟁으로 통쾌한 처사였다.

민족 정기를 되찾는 데 감연히 분기한 청년승 만해는 가는 곳마다 대중의 심금을 울리면서 차차 불교계의 지도적인 위치에 오르게 되었다.

만주에서 독립운동

일본은 이미 한·일 합방 조약을 체결해놓고도 민중의 봉기와 반응이 무서워 일주일이나 숨겨 두었다가, 1910년 8월 29일 융희 황제가 소위 한·일 합방 조칙을 반포토록 했다.

만해는 이제 도저히 국내에서 배겨 낼 도리가 없다고 생각했다.

1911년 가을, 그는 행장을 수습하여 표연히 만주 길을 떠났다. 망국의 울분을 참을 길 없어서였다. 그는 한 불교도로서 승려의 행색으로 우리 동포가 흩어져 사는 만주를 방방곡곡 돌아다니며 우리 동포를 만나 막막한 앞길을 의논도 하고 서로 위로도 하리라 생각했다.

간도 지방에 도착한 그는 만주 동포들을 만나 이역의 생활을 묻기도 하고 고국 사정을 전하기도 했다. 그리고 그곳 동지와 협력하여 목자牧者 잃은 양 떼처럼 동서로 표박漂泊하는 동포를 보호할 방침과 기관 설치 문제도 상의하였다.

만주 일대에 흩어져 있는 독립군들에게 민족 독립 사상을 북돋아주고 당시 망명 중에 있던 박은식朴殷植·이회영李會榮·윤세복尹世復 등 독립지사들과 만나 독립운동의 방향을 숙의하였다.

많은 애국지사들은 당시 각처에 의병학교를 세워 놓고 때가 오기만을 기다렸다. 그들은 환인현桓仁縣에 동창학교東昌學校, 흥경현興京縣에 흥동학교興東學校를 설립하고 민족 투사를 양성하기에 여념이 없었다.

만해는 그들과 친교를 맺고, 의병학교에 가서 독립정신을 일깨워주고, 또 격려하며 도우면서 만주 각지를 순방했다. 많은 독립지사들과 교분을 나누었으며 특히 김동삼金東三과 신채호申采浩, 그리고 우재又齋 이시영李始榮과 단주但洲 유림柳林 등과의 접촉은 후일 그 생애를 통하여 일관된 민족정신을 고취하고 실천하는 시금석이 될 만했다.

그러던 그가 통화현通化縣에 갔을 때였다. 무슨 이상한 불안이 감격과 희망 속에 뒤범벅이 되었다. 조밥으로 연명하면서도 밤이면 관솔불을 켜고 천하 대사를 통론하는 한편, 화승총의 조련을 하는 우리 동포들이었다. 그리고 본국에서 나온 사람을 처음에는 불안으로, 그 다음에는 의심으로, 필경에는 생명을 빼앗는 일까지 없지 않았다.

그런데 어찌 된 셈인지 만해 또한 정탐이라는 협의를 받아 그만 죽을 고비를 넘기게 되었다. 만주 통화현에서도 두메인 산촌에서 자고 나오는데 그를 바래다준다 하며 2, 3인의 청년이 따라 나섰다. 그들은 모두 스무 살 내외의 한국 청년들이었다. 길이 차차 산골로 접어들어 굴라재라는 고개를 넘게 되었다. 나무가 하늘을 찌를 듯이 우거져서 대낮에도 하늘이 잘 보이지 않았다. 길이라고는 풀숲에 나무꾼들이 다니는 미로 같은 길밖에 없었다. 해는 그 얼굴을 감추고 숲속은 별안간 황혼 무렵이 된 것같이 캄캄하였다.

그때였다. 그의 뒤에서 따라오던 청년 한 명이 총을 쏘았다. 총소리가 나자 귓전이 섬뜩하였다. 두번째 총소리가 나자 아픔이 느껴져 왔고, 뒤미처 총을 한 방 더 쐈을 때 그는 암살자의 잘못을 호령하려 했다. 여러 번 목청을 돋워 꾸짖으려 했으나, 어찌 된 셈인지 도무지 말이 나오지 않았다. 혀가 굳었는지 성대聲帶가 끊어졌는지 모깃소리도 제대로 내지 못했다. 피는 무섭게 쏟아졌고 격렬한 아픔이 전신을 휩쓸었다. 그러다가 갑자기 그 심한 통증이 사라지고 지극히 편안한 순간이 왔다. 그는 의식을 잃고 혼수상태에 빠졌다.

　이윽고 만해 앞에 관세음보살이 나타났다. 아름다운 모습, 눈부신 절세의 미인이 섬섬옥수에 꽃을 쥐고 드러누운 그에게 미소하였다. 그녀는 만해에게 꽃가지를 던지면서,

　"그대 생명이 경각에 있는데 어찌 이대로 가만 있는가요?"

라는 말을 하는 것이었다. 그 소리에 정신을 차린 만해는 사방을 둘러보았다. 여전히 어두웠다. 눈은 희미했으나 피가 온몸을 적셨다. 총을 쏜 청년들은 그의 짐을 조사하고, 다른 한 명은 큰 돌을 움직움직하고 있었다. 그는 정신을 차렸다. 피가 흘렀지만 오던 길로 되돌아가야 한다고 생각했다. 그들은 만해의 죽음을 확인한 듯이 돌을 눌러 놓고 걸음을 재촉했다.

　만해는 한참 만에 발길을 돌렸다가 다시 돌아서서 그 산을 넘었다. 거기에 중국인 마을이 있었다. 마침 계를 하는 집이어서 사람이 많이 모여 있었다. 그가 피를 흘리고 온 것을 보고 마을 사람들은 응급 치료를 해주었다. 얼마 뒤에 총을 쏜 청년들이 그를 추격해왔다.

　"총을 쏠 테면 다시 쏘아 봐!"

하고 그는 대들었다. 그들은 어쩐 일인지 그대로 달아나 버렸다.

　만해는 치명상이어서 한국인 마을로 와서 큰 수술을 받아야 했다. 의사는 매우 아플 테니 마취를 하고 수술하자고 그에게 말했다. 그러나 환자가 굳이 마다하는 바람에 할 수

없이 마취를 하지 않았다. 생뼈를 깎아 내는 소리가 빠각빠각 날 뿐 아니라, 몹시 아플 텐데도 그는 까딱 않고 수술이 끝날 때까지 견뎌냈다.

의사는,

"이 사람은 인간이 아니고 활불活佛인가 보군!"
하고 감탄하며 치료비도 제대로 받지 않았다. 달포를 두고 치료하는 동안 뼈가 모두 으스러져서 살을 짜개고 뼈를 주워 내고 하였다. 하지만 뼛속에 박힌 탄환은 그대로 몇 개가 남아 평생 체머리를 흔들며 살게 된 만해였다.

오래도록 병상에 있으면서 회복되는 날을 기다리는 동안 그는 좀처럼 괴로운 표정을 짓지 않았다. 산 부처인 양 인고의 미덕을 보였다.

훗날 총을 쏘았던 독립군이 나타났다. 일본 첩자로 잘못 알고 만해에게 총부리를 들이댄 그는 스승 우당 이회영의 명령에 따라 사죄하러 온 길이었다. 청년은 무릎을 꿇고 백배 사죄하며 용서를 구했다. 그러자 한용운은 그를 일으켜 세우며 위로했다.

"뭐 그럴 거 있나. 청년, 아무 걱정 마오. 나는 독립군이 그처럼 씩씩한 줄은 미처 몰랐구려. 나는 이제 맘을 놓게 됐소. 조선 독립은 낙관적이라오."

그때 일을 두고 성재 이시영 초대 부통령의 친형인 우당은,

"하마터면 큰 지도자 한 분을 잃을 뻔했지……"
라는 말을 되풀이하고는 했다.

새로운 불교로

만해가 백담사에서 참선參禪에 깊이 잠겨 있을 때 군수郡守가 이곳을 찾아왔다. 절에 있는 모든 사람들이 나와 영접했다. 그러나 만해만은 까딱 않고 앉아 있을 뿐 아니라 내다보는 것조차 하지 않았다.

군수는 매우 괘씸하게 생각하여,

"저기 혼자 앉아 있는 놈은 도대체 뭐기에 저리 거만한가!"

만해는 이 말을 듣자마자,

"왜 욕을 하느냐?"

고 대들었다. 군수는 더 화가 나서,

"뭐라고 이놈! 넌 도대체 누구냐?"

하고 소리쳤다. 그러자 선생은,

"나 한용운이다"

하고 대꾸했다. 군수는 더욱 핏대를 올려,

"한용운은 군수를 모르는가!"

하고 말하자, 만해는 더욱 노하여 큰 목소리로,

"군수는 네 군수지, 내 군수는 아니다!"

라고 외쳤다.

기지機智가 넘치면서도 위엄 있는 이 말은 군수로 하여금 찍소리도 못하게 하였다.

만해 선사는 대중불교의 실현자로서 일반 사회에 뛰어들었다. 대중불교는 무엇인가.

그것은 대승불교의 보살행과 자비행을 말한다. 생명이 있는 활동적인 종교를 만해 선사는 갈망했다.

그러자면 불교의 교리와 문장을 민중을 위하여 알기 쉽고 이해하기 쉽도록 해야 하고 그 진리의 빛을 민중의 가슴속에, 그 생명을 민중의 머리 속에 주입하는 것이 대중불교운동이었다.

불교는 사찰에 존在하는가? 아니다. 불교는 경전에 존하는가? 또한 아니로다. 불교는 실로 각인의 정신적 생명에 존재하며, 그 자각에 존재하는 것이 아닌가. 이 자각을 계발하여 각인의 가치를, 광명을 인정하는 길이 하나 둘이 아닌즉, 오인은 불교가 참으로 그 대리大理에 입立하여 민중과 접하며, 민중으로부터 화하기를 바라노라. 불교가 민중으로 더불어 화化하는 첫째 길이 무엇인가?

① 그 교리를 민중화함이며, 그 경전을 민중화함이며,
② 그 제도를 민중화함이며, 그 재산을 민중화함이로다.

— 〈불교의 자치와 신생활의 필요〉

이러한 주장의 근거는 그가 배워 오고 체득해온 반야般若의 진리를 성취하자는 데 있었다. 만해는 국가와 민족이 정도正道를 잃고 미로에서 헤어나지 못함을 보고만 있을 수 없었다. 반야의 진리를 성취하는 대승불교의 보살행이 그것을 용납치 않았다. 만해는 시대의 양심이 명하는 바에 따라

속세에 뛰어들어 그들과 함께 호흡하며 민중의 구속 상태를 벗어나게 하려 했다. 승방僧房과 교단을 쇄신할 뿐만 아니라, 사회와 겨레를 광명의 길로 인도하는 데 최선을 다하자 함이었다.

1910년 그는 문제의 저서 《조선불교유신론》을 백담사에서 탈고했다. 이 책은 1913년 5월 25일 불교 서관에서 간행되어 획기적인 반응을 몰고 왔다. 《조선불교유신론》의 기본 입장은 불타의 진리에 철저를 기하는 것으로 요약할 수 있다. 그러기 위해서 재래 불교의 폐습 타파를 감연히 촉구했다. 불교 본연의 자세로 복귀하여 근본 정신을 강화하고 실현하자는 긴급 동의였다.

사실상 한국의 불교는 너무도 구태의연했다. 시대 역행의 요소와 반사회성을 띤 고답적인 신비주의의 일면조차 없지 않았다. 그러므로 불교 풍토의 개선은 매우 시급한 과제의 하나였다. 수동적이고 소극적인 불교요, 지배 체제에 앞장서는 불교요, 중생 구제에 역행하는 재래의 불교였다. 그 체질 개선에 앞장선 승려가 한용운이었다.

과연 파괴 없는 건설은 없다. 올바른 파괴만이 건설의 어머니요, 발전의 기틀이 된다. 거기에 불교의 재흥이 있고, 중생 제도의 실천이 가능해진다. 만해는 안으로 부패한 불교계를 혁신하고, 밖으로는 민족 부흥의 종교를 제창하여 이를 과감하게 밀고 나갔다. 그가 불교 청년운동을 일으키고, 대중불교의 사회화를 위하여 불교 경전을 정리하고, 국

佛敎社會化를 爲하야

법보회를 조직, 불교 사회화를 위해 팔만대장경을 한글로
번역한다는 한용운의 포부를 전한《동아일보》보도 기사
(1922년 9월 25일).

역國譯을 한 것이라든가, 일제의 종교 간섭에 줄기찬 대항을
한 것은 새로운 불교로 거듭나기 위한 피나는 노력이었다.
우리나라 불교의 참된 발전을 위하여 그는 불교 대중화 운
동에 뛰어든 것이었다.

개혁자로서의 만해는 불교를 혁신하는 길만이 중생을 제
도하여 성불成佛하는 것으로 믿었고, 사회와 민족을 구하는
길이라고 생각했다. 그러한 뜻의 관철을 위하여 그는 인간
의 능력을 신뢰하고 적극적인 태도를 취했다. 파괴를 앞세
우는 혁신만이 불교 유신의 지름길이 된다. 파괴가 빠를수
록 유신이 빠르고, 파괴가 클수록 유신의 성취도 크게 마련
이다. 오늘의 세계는 어제의 세계가 아니다. 세계는 급격히
변천해 간다. 고루한 지난 날의 것에 대한 애착은 내일의 발
전을 기대할 수 없다. 발전을 위해서는 다만 현재의 유신만

이 요청된다. 그러면 그 유신은 어디에 있으며 누구에게 있는가. 유신은 하늘에 있는 것도, 운명에 달린 것도 아니며, 타인에게 있는 것도 아니다. 다만 내 스스로에 있는 것이다. 이를 깨닫고 신앙의 정화淨化와 불교의 쇄신을 위하여 만해는 일어섰다.

절은 있어도 중은 없고, 설혹 중은 있어도 불교는 없던, 침체해 있던 불교계는 차차 활기를 찾을 수 있었다.

이처럼 만해의 불교 유신은 점점 그 파장을 넓혀 가게 되었다.

불교개혁을 하자면 산간에 숨어 있는 소승 불교의 타성을 뿌리뽑아야 했다. 현실 도피의 타성에 젖어 패배자의 안식처가 된 불교를 대승불교로 전환해야 하는 일이 시급하였다. 불타의 구세주의란 이타주의요, 이웃과 인류를 사랑하는 보편주의를 의미한다. 일체 중생과 희로애락을 같이하는 숭고한 정신의 실천, 곧 자비행을 뜻한다.

당시 대부분의 승려들은 민가를 호별 방문하여 걸식으로 연명하는 실정이었다. 불교의 본뜻이 걸식에 있지는 않았다. 만해는 철저한 승려 교육에 대한 필요성을 느꼈다. 그들을 교육함에 있어서 보통학·사범학 그리고 외국 유학의 필요성을 느꼈다. 첫단계에서 기초 지식을 얻어 불교에 들어오는 필수적인 준비를 하고, 다음 단계에서 15세 이상 40세까지의 승려에게 사범학과 불교학을 수학시켜 소학교 교사 양성을 하는 과정으로 삼으며, 마지막 과정은 인도나 중국 등

《불교》지 88호(1931년 1월 11일)에 기고한
한용운의 조선불교개혁안.

지에 유학시켜 세계적인 불교 연구에 공헌케 하는 단계였다. 이러한 과정을 거쳐야 승려의 자질 향상이 가능한 것이고, 대중불교의 실현을 담당할 승려의 수준을 고양하는 첩경으로 만해는 보았다.

그는 대중불교의 실현을 목표로 하여 불교개혁안을 내놓았다. 그 골자는 '승려 불교에서 대중불교'로, 그리고 '산간에서 가두'로 불교의 사회 진출을 부르짖은 데 있었다. 일체 중생이 모두 다 불성佛性을 가지고 있을 터이고 보면 불교가 승려에게 전속될 수는 없는 노릇이었다. 일체 중생이 모두 다 성불成佛할 수 있게 하자면 불교가 굳이 깊은 산속에 처박혀 칩거해야 한다는 이유가 없었다. 특이한 경우에만 산사에서 고승들이 참선을 하게 하고, 시대적인 요구에 따라 기성 교단을 파괴, 유신하여 대승불교를 건설하자고 그는 주장했다.

평생을 두고 만해는 그 주장을 굽히지 않았고, 선교의 진흥책으로 불교개혁을 추진하였다. 불교도의 생활 보장, 사찰의 폐합, 그리고 통일 기관의 설치를 통하여 선교의 진흥과 함께 대중불교의 실현을 그는 종교 운동으로 삼았다. 불교의 사회 진출, 선교의 사회 참여는 불교개혁의 지상 과제였다. 재래의 불교는 무진보·무모험·무구세無救世·무경쟁적인 타성으로 답보해왔다. 산속 깊숙이 처박혀 은둔하며 신비적 취향에 젖어 있어서 대중과 호흡을 같이하지 못했고, 발전해 나갈 수 없었다.

또한 만해는 염불당의 폐지를 주장했다. 부처는 항상 우리 마음속에 있다. 따라서 스스로의 마음속에서 부처를 발견해 내야 한다. 불도란 불러서 구해질 것이 아니요, 수다스런 염불의 형식으로 되는 것도 아니다. 그래서 만해는 목소리를 높여 염불하는 것조차 폐지하라고 내세웠다.

만해는 일체의 형식주의를 타파할 것을 요구하였다. 이상 야릇한 동상이니 칠성각이니 하는 따위를 철거하고, 사찰에는 오직 석가모니불 하나의 안치로 충분하다고 했다. 불교 의식의 간소화를 주장하는 한편 승려의 독신주의를 강요하는 불문율의 철폐를 요구했다. 중의 결혼 금지는 국가와 윤리에 해롭고, 포교 활동에 해롭다. 그렇다고 해서 모든 중이 다 결혼해야 한다는 것은 아니었다. 승려의 취처娶妻 가능성을 역설했을 뿐이었다.

대중불교의 길을 제창한 만해의 개혁안은 교단 일부에서 맹렬한 지탄과 공격의 대상이 되었다.

문제의 《조선불교유신론》을 발표했을 때 여기에 들어 있는 승려 취처론에 대한 시비가 벌어졌다. 이때 만해는 다음과 같이 말했다.

"이것은 당면 문제보다도 30년 이후를 예견한 주장이다. 앞으로 인류는 발전하고 세계는 변천하여 많은 종교가 혁신될 텐데 우리의 불교가 구태의연하면 그 서열에서 뒤질 것이다. 그리고 지금처럼 금제禁制를 할수록 승려의 파계破戒와 범죄는 속출하여 드디어 기강이 문란해질 것이 아닌가. 후세 사람들은 나의 말을 옳다고 할 것이라고 믿는다. 그런데 한 나라로서 제대로 행세를 하려면 적어도 인구가 1억쯤은 되어야 한다. 인구가 많을수록 먹고 사는 방도가 생기는 법이다. 우리 인구가 일본보다 적은 것도 수모受侮의 하나이니 장래 우리 민족은 1억의 인구를 가져야 한다."

만해는 1912년을 전후하여 장단長湍의 화장사華藏寺에서 〈여자 단발론〉을 썼다. 앞서 남자들에 대한 단발령이 사회적 물의를 크게 자아내고 있었기에, 감히 여자의 단발을 부르짖은 것은 그의 선각적인 일면을 잘 나타내고 있다.

그러나 아깝게도 이 원고는 지금 전하지 않아 그 자세한 내용은 알 길이 없다. 그런데 그 무렵 만해는,

"앞으로 20년쯤 후가 되면 비녀가 소용없게 된다"

고 예측했으며, 좋은 금비녀를 꽂고 있는 부인을 보면,

"앞으로 저런 것은 소용없게 될 텐데……"

라는 예견도 하였다.

만해가 사랑의 꿈에서 불멸의 세계를 얻게 될 것을 확인하는 매우 충격적인 참선의 계기는 그의 나이 서른아홉이

되던 해에 한 차례 닥쳐왔다.

그해 1917년 겨울, 12월 8일이었다. 당시 그는 다시 인제군 오세암에 와 있었다. 마침 동안거冬安居 기간 중이었다. 음력 10월 16일부터 이듬해 1월 15일까지 석 달 기한을 두고 참선 공부를 하던 그 무렵이었다.

눈이 쌓인 산사山寺의 밤은 이국적 정취마저 감돌았다. 깊은 밤, 참선에서 깨어난 그는 소변을 보러 밖으로 나갔다. 살을 에는 찬바람 속에서 그는 눈을 감고 무슨 소리에 귀를 기울였다. 눈보라가 휘몰아 오고 무엇이 땅에 떨어지는 그 소리는 이 세상을 송두리째 부수어 놓는 것만 같았다. 곧 세상이 무너지는 소리가 그의 심장을 때렸다. 그 순간 심장이 으스러지는 것 같아 마음에 눈물을 적시며 다음과 같이 읊어 나갔다.

사나이 이르는 곳 어디나 고향인데
몇 사람이나 오래 나그네로 지냈던가.
한마디 외쳐서 우주를 갈파하니
눈 속의 복숭아꽃 빨갛게 나부낀다.

男兒到處是故鄕
幾人長在客愁中
一聲喝破三千界
雪裡桃花偏偏紅

* 처음 원문은 편편비偏偏飛였던 것이 그의 도반道伴 만공 선사에 의하여 이렇게 수정됨.

만해의 이 〈오도송悟道頌〉은 눈길 속에 핀 꽃송이요, 과연 신앙의 결정체로서 명문으로 손꼽힌다.

불교의 대중화

그는 불교 경전을 대중화하기 위하여 《불교대전佛敎大典》 편찬을 계획하고, 경남 양산 통도사通度寺의 《팔만대장경》을 낱낱이 열람하기 이태 만에 1914년 4월 30일 마침내 범어사에서 그 책을 발간했으며, 그 전해에 통도사 불교 강사가 되어 후진들 양성에 주력하였다.

이에 앞서 1914년, 만해는 젊은 후진들을 양성하기 위하여 서울에 불교 학무원學務院을 창설하고 교편을 잡았다. 이때 박한영을 비롯하여 박영호朴映湖, 납북되어 간 장금봉張錦峯 등의 동지와 함께 불교 학무원을 이끌고 나가는 동안, 후진들에게 불교 유신운동의 필요성을 강조하며 대중불교를 역설했음은 물론이다. 한편 그는 불교 강구회講究會 총재를 맡기도 했다.

이듬해 그의 나이 서른일곱 살이 되어 그는 영남·호남 지방의 순례에 나섰다. 운수雲水 행각이었다.

그 무렵 1, 2년 동안 만해 선사의 발길이 미치지 않은 곳은 별로 없었다. 그는 말과 글과 행동으로 포교를 하는 한편 독립정신을 양양하고 또 동지를 규합했다. 도처에서 그는 열변을 토했으며 근대 문화 운동으로서의 불교개혁 운동에 전심 전력하였다. 만해가 운수 행각에 나선 것은 불교에 있어서 평등주의와 구세주의를 바탕으로 한 것이지만, 근본적으로는 민족 정신의 고취에 그 의도가 있었다.

사찰 순례의 길에 나선 만해 스님은 이듬해까지 내장사·백양사·송광사·선암사·화엄사·쌍계사·해인사·통도사·범어사·구암사 등의 사찰을 두루 순례하면서 강연회를 열어 대중불교와 불교 유신의 더운 바람을 일으켰다. 순창 구암사龜岩寺에 가서 고승을 만나 보기도 하고, 내장사에 가서 학명鶴鳴 선사도 만났다. 선문선답禪問禪答을 하며 밤이 새는 줄도 몰랐다.

백양사白羊寺의 환응당幻應堂, 순천 선암사仙岩寺의 경운당擎雲堂 등을 두루 돌아보고, 금봉 강백과 유유자적하며 시 짓기와 담론을 펼치기도 했다.

관음도량觀音道場 향로암香爐庵에서 밤새워 정진도 하였다. 지리산 화엄사 진진응 강백과 오랜만에 회포를 풀며 담소도 하고, 쌍계사 원재봉元濟峯 강백, 범어사의 오성월鳴惺月 강백과도 서로 문답을 하였다. 통도사의 서해담徐海曇 장로와 교분이 있었고, 김구하金九河 종사와는 만년까지 숙친했다.

그 무렵 만해는 많은 한시를 비롯하여 〈해인사 순례기〉도 썼다.

가는 곳마다 대강연회가 개최되었다. 평소 말수가 적은 그였으나 연단에 올라서면 열변이 도도히 굽이쳤다. 그의 목소리가 특이하여 옆에서 가까이 들으나 멀리 떨어져서 들으나 거의 한결같이 부드러우면서도 매우 세차게 심장을 울렸다. 다정하면서도 또한 격정을 불러일으켰다. 폐부를 찌르는 열변이요, 폭포수 같은 웅변이었다. 만장의 박수갈채가 우뢰같이 쏟아지는 화제의 연설이었다. 말 그대로 사자후였다. 남녀노소 막론하고 모든 청중이 감동하였다. 누구에게나 용기를 주고 의욕을 북돋아주는 활력소의 구실을 했다.

운수 행각의 길에 나섰던 만해는 장로들의 선지식善知識을 친견하고, 문법 구도도 했지만, 또한 동지를 규합하고 획득하는 일도 게을리하지 않았다.

그의 말을 듣는 이는 불교 신도이거나 아니거나 흐뭇함을 맛보았다. 청년들의 반응은 만해에게 사기士氣를 불어넣었다. 이때 만해는 좋은 씨앗을 뿌렸고, 좋은 동지를 얻을 수 있었다.

만해는 불교개혁과 대중불교 운동의 종장宗匠인 듯한 행적을 남겼다. 40이전의 나이에 불과한 만해였지만 불교 청년들의 피를 끓게 할 뿐만 아니라, 잠자는 민족혼을 일깨우기도 했다. 어디까지나 불교를 위한 불교 운동이 아니라, 조국 근대화를 위한 신앙운동이었고, 승려를 위한 유신운동이라기보다 겨레를 위한 불교 유신운동이요, 민족 부흥운동이었다. 그는 중이면서도 애국자였고 민족 투사였으며 시인이 아니었던가.

우리 불교는 뜨거운 맥박을 찾았다. 새삼 민족의 얼이 서렸다. 정신 풍토에 새로운 바람이 일었다. 그가 우리 앞에 높이 쳐든 불교의 깃발은 실상 태극太極의 얼이 선명했다. 그러한 그의 강연은 불교의 진공관眞空觀을 통해서 민족혼을 불러일으켰으며 서릿발 같은 민족 정신을 재환기시켰다.

그는 뛰어난 능변가로서 천부의 재능을 아낌없이 발휘하면서 무척 대담했다. 간담이 서늘했던 것은 청중뿐이 아니라, 입회한 일본 경관들도 마찬가지였다.

당시 박일봉朴一峯과 더불어 만해는 불교계의 정평 있는 웅변가로 꼽혔다. 박한영 강백 또한 한용운 스님의 천재적인 능변을 칭찬하기를,

"한국 청년 중에 한용운의 강연을 못 들은 사람은 한국 청년이 아니다"

라고 말할 정도였다.

만해는 이 번뇌 많은 세상을 결코 굽어보고 살지 않았다. 번뇌의 소용돌이 속에 뛰어들어 빛을 잃고 헤매는 무리와 살결을 비비고 살면서 그 속에서 보다 참된 빛을 찾는 길을 스스로 택했다.

그는 너무나 인간적인 스님이었다. 모든 번뇌를 벗어나 초연하기를 바라지 않았고, 선각자라고 해본 적도 없었다. 그는 자신이 성취한 진리와 선지식과 미덕을 적게는 이웃과 더불어, 크게는 민족과 함께 하며 사는 길을 택했던 것이다.

고뇌와 번뇌를 씻기 위하여 부처님을 찾아간 그였지만, 부처님이 곧 내 마음이었기 때문에 고뇌와 번뇌를 새롭게 하는 경지에 달했다. 불타는 좋은 것과 궂은 것을 가리지 않는다. 모든 것을 포괄한다. 만해 선사는 불타의 마음으로 세상을 살아갔다. 그는 속된 것과 자유로운 것을 한꺼번에 숨쉬었다. 자유와 평화를 추구하면서 우주와 나, 사물과 내가 별개의 것이 아닌 하나의 세계, 곧 진여眞如의 경지에 이르렀다.

만해, 그에게는 설중매의 그윽한 향기가 감돌았다. 그의 인격이 지닌 향내였다.

차가운 이성과 냉철한 지성을 지닌 한편, 흐뭇한 정감과 뜨거운 격정이 있었다. 그는 매화와 같은 민족지사이면서 매화와 같은 불교 선사였다.

그는 앞장서서 사회 구제에 몰두했지만, 마음을 존중한 유심론자의 표본이기도 했다.

일찍이 《조선불교유신론》에서 신앙의 본질을 침식하고 있는 절간의 칠성과 산신을 준열하게 배격한 그는 오직 자기 마음속의 참 부처를 존중할 뿐이었다. 그의 불교 사상이나 선교 사상의 토대는 공空의 사상에 바탕을 두고 있었다.

만해의 불교 사상은 주로 반야바라밀경의 정신, 공空에 대한 추구였다.

그의 문학적 업적 속에 흔히 나타나 있는 '일체개공一切皆空'의 사상은 이를 잘 표현한 것이라 할 수 있다.

시집 《님의 침묵》 가운데 있는 〈꿈이라면〉이란 시의 경우도 주된 사상은 '공空'이 아닐 수 없다. 사랑의 속박도, 출세의 해탈도, 무심의 광명도, 웃음과 눈물의 감정도, 일체 만법도 모두가 허무요, 꿈이요, 공空이 아닐 수 없다.

특히 대승불교는 석가가 죽은 후 700년대에 와서 용수 보살龍樹菩薩에 의하여 집대성된 것이었으며, 체계화되고 조직화되었다. 마명 보살馬鳴菩薩·용수 보살, 후에 제바提婆에 계승되었던 그의 대승불교는 200여 년 후에 다시 무착無着·세친世親에 의해 더욱 거대한 발전을 이룩하였다.

소승은 자각과 자리自利만을 위주로 하나, 대승은 자리이타自利利他를 겸한다. 소승은 성문행聲聞行을 이수하는 데 반하여 대승에서는 보살행을 닦는 것으로 되어 있다. 소승은 은둔적이요, 자기 수양을 중시하는 데 반하여 대승은 유아현묘, 활동적이고 이타적이다.

만해는 대승불교 가운데서 후세의 당·송 이래 발전한 선禪 그 중에서도 특별히 임제선臨濟禪의 정통을 이어받았다.

참 불교의 길

서른 살 전후에 이미 백담사에서 교教를 공부하고, 오세암에서 선禪을 공부한 그는 후진들의 실력 양성에도 심혈을 기울였다. 장단 화장사의 불교 전문 강원에서 교리를 교수하는가 하면, 서울 불교 학무원이나 중앙 불교 학림에서 불교 강의에 전념하기도 했다. 그는 교학과 선학에 투철한 이론을 지니기도 했다.

일찍이 범어사에서 대장경을 열람하여 이를 간추려 대중 불교의 성전聖典으로 《불교대전》을 편찬 간행한 그는 불교 청년운동과 선교 진흥을 위해 계속 노력했다. 더욱이 불교 청년 동맹과 불교유신회는 불교 대중화와 불교 유신의 실천을 위한 구심체의 역할을 했다.

그는 젊은이들을 교도하고 육성하는 데 심혈을 기울이면서 한국 불교 혁신운동에 나섰으며, 불교의 민족적 주체성을 지킬 수가 있었다.

뒤에 불교중앙학교 학생을 중심으로 조선불교청년회를 구성한 그는 불교유신회가 정리되자 눈부신 활동을 펴나갔다. 만해는 불교 부흥운동의 중심을 불교 청년들에게 두고 있었다. 불교의 부흥도 민족운동처럼 반드시 청년을 중심으로 해야 한다는 것을 절감하고, 이 운동을 음으로 양으로 키워 갔다.

당시만 해도 조선사찰령朝鮮寺刹令이란 것이 있어 일제는 우리 불교에까지 가혹한 탄압을 가하고 있었으므로, 만해는 호국 불교의 이념 아래 조국의 수호신답게 끈질기게 도전했다. 그는 조국의 파수병으로 불교를 통한 항일운동에 뛰어들면서 민족 해방운동의 전개에 적극적인 참여를 하게 되었다.

한번은 낙산사 관음굴 홍련암紅蓮庵에서 기도를 하고 있

을 때 양양襄陽 군수가 서장을 대동하고 이곳을 찾았다. 방 안에 있던 중들은 모두 나와 그들을 영접했다. 그러나 만해의 안중에는 대관절 군수니 서장이니 하는 것이 의미가 있을 리 없다. 그는 꼼짝도 않고 앉아 있었다. 만해는 원래 '저울추'란 별명이 붙어 있을 정도로 평소에도 앉는 자세가 곧고 단단했지만 이날은 특별히 더 움직일 줄을 몰랐다. 만해의 이러한 태도에 서장은 불끈 화가 치밀었다.

"저기 앉아 있는 놈은 대관절 무어길래 저리 콧대가 높을까."

괘씸하게 생각한 나머지 그는 부하를 시켜 전갈을 올리게 했다.

"지금 군수 영감하고 서장 나으리께서 와 계시니 잠깐 나가 인사라도 하시지요."

"그러지요. 군수께서 사람을 보내시니 나도 사람을 보내리다"

라고 대답한 만해는 사동을 불러 그들에게 인사를 하도록 했다. 이쯤 되니 싸움은 벌써 벌어지고 만 셈이다. 일제의 녹을 먹고 있는 고관들의 자존심이 그대로 물러설 수는 없는 일이었다.

"저 머리는 빡빡 깎고 작달막한 것이……."

그들에게는 만해의 당돌한 거동이 몹시도 아니꼬웠다. 마침내 큰소리가 나기 시작했다.

"야, 이놈아! 대관절 뭐길래 꼼짝도 않고 앉아 있는 거야.

눈에 뵈는 게 없어!"

욕설과 함께 서장은 만해를 다그쳤다.

"서장 양반은 보이는 게 없어서 불공 중인 사람을 오라 가라 하오? 무식한 양반이군."

"뭐라고 이놈!"

순식간에 육박전이 벌어졌다.

순사 몇 명이 중 하나를 향해서 돌격했지만 그의 힘을 당해 낼 도리가 없었다. 덤벼드는 순사마다 만해 스님의 일격에 보기 좋게 나가떨어질 뿐이었다. 만해도 다소 상처를 입지 않은 건 아니었으나, 참혹한 꼴이 된 쪽은 서장과 군수 일행이었다. 그는 불끈 화가 치밀어 그들을 닥치는 대로 집어 던지는 판이었다. 그에게는 일인당천一人當千의 완력까지 있었다. 순사 몇 사람쯤 때려눕히는 일이야 실상 별것이 아니었다. 그러나 주위에 몰려든 사람들이 너무도 간곡히 말리는 통에 싸움은 일단 끝이 났고, 동시에 그들의 유흥도 보기 좋게 들통이 나고 말았다.

그런데 이 이야기가 당국에 알려지자 일제는 당황했다. 그 군수, 서장을 그대로 두었다가는 다시 무슨 화근이 생길지 몰라 여러 가지로 생각한 끝에 일제는 드디어 그들을 다른 곳으로 좌천시키지 않을 수 없었다.

만해의 불교는 첫째가 평등주요, 둘째가 구세주의였다. 이러한 종교관은 불교만의 것이 아니다. 동학東學의 근본 이념이기도 하다. 그것은 우연이 아니다.

청년 시절부터 동학운동에 관심을 둔 만해는 불문에 귀의하면서 사회적인 구세를 위한 역사의 등대수로서 무겁고도 큰 임무와 사명을 깨달았다. 의롭게 자라나면서 극복해 나가야 할 환경에 부딪쳤을 때 그는 혁신에의 집념을 아로 새겼다.

그리하여 그는 원효대사元曉大師 이래 드물게 보는 불교계의 혁신적 인물로 등장했다. 흔히 보수적이고 수구적이며 맹목적인 전통파의 행동, 즉 잠자거나 꿈꾸는 소승적인 세계를 그는 과감히 떠날 수 있었다. 현실 도피적이고 일마다 체념적인 세계에 묻혀 목탁을 두드리며 자기 만족의 망각에 젖는 것을 볼 때 만해는 우스꽝스럽다는 생각만이 들 뿐이었다. 산자수명山紫水明한 자연에 몰입되어 음풍농월吟風弄月을 한다고 해서 중생의 문제가 해결될 까닭이 있으랴.

만해는 스스로 소극적인 인생관을 청산하고 적극적인 행동인이 되었다. 민중의 벗으로서 그는 대중 사회에 뛰어들어 자비의 복음을 씨뿌렸다. 악과 퇴폐와 구속과 불합리를 발견한 그는 악을 선으로, 퇴폐를 건전으로, 구속을 자유로, 그리고 불합리를 합리로 바꾸는 최선의 방법으로서 파괴를 전제로 하는 유신維新의 철리哲理를 터득한 셈이었다. 한국에 메이지유신明治維新 같은 대규모의 질적 전환은 없었지만, 당시만 해도 그다지 알려지지 않은 선사禪師로부터 불교 유신이 제창되었다는 사실만으로도 종교 근대화의 헌장憲章은 제시된 셈이었다.

그의 유심 사상은 대중불교운동으로 추진된다. 먼저 무질서한 교단과 승려의 통제를 그는 과감히 외쳐댔다. 그러나 지나칠 정도로 소신이 엄정했던 나머지 때로는 너무도 과격한 언설言說을 토한 것도 숨길 수 없는 일이다.

일찍이 1910년 그가 서른두 살 되던 해, 두 차례에 걸쳐 당국에 제출한 승려 취처 문제에 관한 건백서建白書를 보아도 그가 얼마나 당돌하고 혁신적인 사상을 가지고 있었던가 하는 것을 짐작할 수가 있다. 그의 주장은 승려들에게도 장가를 들여서 아들딸을 낳게 하라는 생떼나 다름없었다. 원칙적으로는 대처帶妻를 금지시켜 온 것이 우리나라 승려들이 지켜 온 계율이다. 그리고 이 원칙은 소위 '수천년불역지안數千年不易之案'이란 평을 들을 만큼 오랜 전통과 무너뜨릴 수 없는 관습을 가지고 있는 터였다. 이런 분위기 속에서 그 때 백담사에 있던 일개 무명 승려인 한용운이 당돌하게도 중이 장가 드는 문제를 가지고 나왔다는 것은 확실히 놀라운 일이었다. 비구승단으로서는 용납 못할 반역의 시도였다.

《조선불교유신론》은 당대의 이름난 유학자 김윤식金允植도 이를 극구 찬양한 바 있는 명문인 만큼 그것이 일으킨 파문이란 매우 컸다. 한국 불교의 전통적 교리를 지키려던 청정淸淨 비구들은 점차 동요하기 시작했다.

"한용운 그는 불법을 모르는 사람이다. 한국 불교를 망칠 놈은 바로 그런 자가 아니고 누구이겠는가."

이런 식의 욕설이 빗발치듯 했다. 하여간 그가 던진 파문은 컸고, 동시에 승려들도 결혼을 하는 것이 합법화될 수도 있었다. 그래서 만해는 오늘날까지 비구승단 내에서는 별로 달갑지 않은 존재로 지목을 받고 있는 터이다. 그러나 하나의 선견지명이었다. 남이 무어라 하든 남의 시비에는 그다지 신경을 쓰지 않았던 것 같다. 이것은 젊은 층에 있어서는 하나의 매력이기도 했다. 그래서 만해는 필봉을 세워 당대 무기력했던 불교계의 현상을 맹렬히 비판하는 글을 써서 발표했다.

교단의 권위를 확립하라. 교단의 권위가 이만큼 떨어진 적이 있었던가를 귀찮게 반성할 때가 아니다…… 불도의 타락은 자인하기를 지나쳤고 승가의 파멸은 우려의 도를 넘었다. 도생度生의 불타 대원大願은 이미 고갈된 사원의 복전福田에서 찾을 수 없으며 정법의 승려들의 의기는 벌써 파멸된 불도의 혜검慧劍에서 엿볼 수 없게 되었다. 스스로 반성하여 자책함이 없느냐. 각자의 출가가 축재의 동기에 있지 않았거늘 어찌 이렇듯 이利에 쟁爭하게 되었느냐…….

글도 명문이지만 다른 승려들로선 엄두도 못 낼 일을 대담하게 파헤쳐 놓고 있다는 점에서 자못 통쾌한 바가 있다.

뿐만 아니라, 1918년 가을에 《유심惟心》 잡지를 창간한 바 있는 그가, 1930년대에 잡지 《불교》의 편집을 맡고 있는 동안 계속적으로 정교분립政教分立을 주장하는 논설을 써냈다. 총독 정치는 한국 불교에 간섭 말라, 불교계는 불교인에게 일임하라, 이런 식의 논조를 펴는 과감한 글이었다. 그리고 때로는 이것이 너무도 과격해서 불교계의 당국자들이 겁을 집어먹는 경우도 있었다. 1931년에 인수하여 6년 남짓 쉬지 않고 만해가 이어 왔던 《불교》지의 발행인이 바뀌면서 얼마 뒤에 휴간하게 된 이유 가운데에는 이러한 공포 의식이 일부 작용하고 있었는지 모른다.

불교계의 지도자

어느 날 만해는 집 앞에서 탁발托鉢하는 중을 보고 이렇게 말하였다.

"탁발은 비록 보살만행菩薩萬行 중의 하나이나, 만행에서 9999행을 버리고 하필이면 왜 하나인 탁발을 택했는가? 구걸은 자기의 무능을 나타내고 다른 사람의 천대를 받을 뿐인데……."

이 말을 들은 중은 부처님의 행적을 들어, 만해에게 불만을 표시했다. 그러자 만해는,

"지금은 시대가 다르오. 다른 종교인의 멸시를 면치 못할 뿐이니 불교인을 위해서라도 앞으로 구걸은 하지 않는 것이 좋으리다"

하고 충고했다.

평범한 한마디 속에서도 오랫동안 답습되어 온 탁발 제도에 대한 혁신정신을 엿볼 수 있다.

1923년 3월 24일, 만해는 법보회 法寶會를 발기했다. 대장경 국역 사업의 기초 작업을 위해서였다.

다음해 조선불교청년회 총재에 취임했다. 실제로 불교계를 지도해 나가야 할 위치에서 불교 대중화와 아울러 민중 계몽운동에 박차를 가하고자 일간 신문의 발행을 구상하여 운영난에 빠진 《시대

《불교》창간호
불교계 기관지로서 1924년 7월에 창간되어 재정난을 이유로 1933년 7월(통권108호) 중단되었으나 다시 《불교 (신)》로 속간·발행되었다.

일보時代日報》를 인수하려 했으나 뜻을 이루지 못하였다. 한편 조선불교청년회는 1927년에 접어들어 그 체제가 개편되었다. 조선불교총동맹朝鮮佛敎總同盟으로 개칭하고 김법린金法麟·김상호金尙昊·최범술崔凡述 등과 일제의 불교 탄압에 맞서서 불교 대중화 운동을 민족운동으로 전개했다.

일찍이 오세암에 머물 때 《십현담주해十玄談註解》를 정리한 만해는 1926년 법보회에서 이를 출판했다. 그 뒤 건봉사에서 발행한 《건봉사급건봉사말사사적乾鳳寺及乾鳳寺末寺史蹟》의 편찬에 관여한 것은 그가 쉰 살이 되었을 때였다.

1931년 그는 《불교》 잡지를 권상로權相老로부터 인수하여 속간을 시도하면서 불교 대중화 운동과 민족운동을 확대·

심화했다.

종교를 통해서 현실을 투시하고, 투쟁의 공간을 더욱 확대하고자 그가 마지막 종교 결사에 관여하기는 50대에 들어선 다음이었다.

많은 종교인들은 현실을 잊고 그것을 넘어서려는 뜻에서 종교에 귀의한다. 그러나 만해는 달랐다. 그는 종교를 통해서 현실을 보다 깊이 있게 알고 그럼으로써 현실을 타개해 나가려 했다. 그의 불교가 대중화의 깃발 아래 조국의 독립을 쟁취하는 데 앞장선 것은 선교禪敎의 사회 참여로 청사에 남을 일이다.

1930년대 초부터 그는 '만卍당'을 꾸준히 격려하고 지도했다. '만당'은 불교의 비밀결사 단체였다. 정치와 종교의 분립 운동을 전개하기도 했으나 궁극적 목표는 민족의 독립 투쟁이었다. 만해는 '만당'의 대표로 은밀히 추대되었다. 그러나 후배와 동지들이 구성 요원의 대부분이었다.

'만당'의 당원으로는 최범술·차상명·서원출 등 19명이었다. 이들은 정政·교敎의 분리, 불타 정신의 체험, 불교의 대중화를 강령으로 삼았다. 그러나 이것은 표면적일 뿐이었다. 그들의 목적과 이념은 민족 해방운동이었다. 경남 사천泗川의 다솔사多率寺를 근거지로 하여 활약했다.

이때 만해는 50대에 접어들어 있었다. 그는 이들을 성원하여 은근히 자신의 뜻을 펴보려 하였으나 일제의 강경한 탄압 때문에 중간에 좌절되고 말았다.

만해 한용운이 《불교》지 속간에 대한
경과와 의의를 밝힌 글

《불교(신)》창간 제1집
《불교》지 폐간 이후 4년만인
1937년 3월 경남 3본산회의
(해인사, 통도사, 범어사)에서 재정
을 부담하면서 제1집으로
속간되었다.

10년 가까운 '만당'의 역사는 서울과 사천을 비롯해서 진
주·합천·해남과 양산 통도사 등지에서 여섯 차례에 걸친
일경의 검거 선풍에 당원들이 체포되기도 했고, 옥고를 치
르는 얼룩진 것이었다. 그 중에서도 최범술은 세 차례나 옥
고를 치렀다. 그때마다 만해는 검속된 당원들을 격려하고
위로하기 위해 대구·진주 등지로 뛰어다녔으나 번번이 면회
를 거절당했다.

제1차 검거 선풍으로 진주에서 최범술·장도환·박근섭 등
이 경남 경찰국에 체포되어 징역 6개월의 언도를 받았다.

제2차 검거 선풍으로 사천군에서 최범술·김법린·김범부
등이 체포되었다.

제3차 검거 선풍은 제2차 검거가 있던 해에 해인사에서 '만당' 당원 및 그에 관련된 인사 40여 명이 검거되어, 해인사 주지는 일본 경찰에 의하여 살해되었으며, 해인사에 있던 사명 대사 유정惟政의 비석이 일본 경찰에 의하여 파괴되는 사건이 뒤따랐다.

당원 박영희朴暎熙가 전라남도 해남에서 일경에 잡혀 혹독한 시련을 받은 것은 제4차 검거 때였다. 그뿐이 아니었다.

다음은 서울에서 최범술·김범부·최윤동 등 18인이 일거에 체포되었고, '만당'은 사상적인 범죄 집단으로 몰려 날이 갈수록 시달림을 받게 되었다.

여섯번째로, 통도사에서 김수정 등 여러 명의 당원이 체포되어 투옥당했다.

그 무렵 만해는 월간 《불교》를 통하여 세계 불교의 동향을 소개하기도 했고, 이러한 일체의 반종교운동을 맹렬히

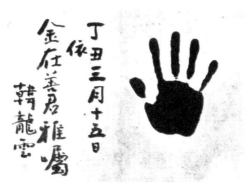

1937년 3월 후학 김재선金在善의 부탁을 받고 찍은 것

배격하는 글을 발표하면서 일제의 갖은 탄압에도 불구하고 초지初志를 일관一貫했다.

만해는 3·1운동 후에 발족을 본 조선 불교 동경 유학생회를 지도했다. 김상철·이동석·서원출·김태훈 등이 이 조직의 주요 멤버였다. 그 후 박윤진·강유문 등이 주관하던 기관지 성격을 띤 《금강저金剛杵》에 제호를 쓰기도 하고 청년을 격려하는 글을 기고하기도 했다. 일제 말기에 《금강저》지는 전쟁으로 인하여 조종현·장원규 등이 편집했다. 그리하여 도쿄에서 인쇄해온 것을 낙산 감로암에서 불교계 인사들에게 비밀리에 발송한 바 있다.

만해의 호교護敎 정신은 불교 청년들을 감화해 나가는 데 중요한 구실을 했다. 불교 유신운동과 대중불교운동은 그의 행동 철학이 되었다.

1930년대에 잡지 《불교》를 발행할 무렵 그는 청진동에 나와 있는 일이 많았다. 당시 만해는 쉰셋으로 청년들을 좋아해서 누가 찾아가도 반겨 맞이했다.

어느 날 스물여섯 살의 청년 조종현趙宗鉉이 만해를 찾아갔다. 그는 소설 《태백산맥》의 저자 조정래趙廷來의 선친이다.

만해의 거실에는 냉기가 감돌았다. 방 안에는 책상 하나만이 동그마니 놓여 있고 그 위에 신문지 한 장이 눈에 띌 뿐이었다. 책 한 권 보이지 않았고 벽에 두루마기와 모자가 걸려 있었다. 그것이 그가 가진 가재家財의 전부였다. 말 그대로 운수납자雲水衲子의 생활이었다.

책 한 권 없이도 45년을 설법說法한 석가모니처럼 입만 열면 폭포 같은 열변이 쏟아지고 붓을 잡으면 일사천리로 문장이 굽이쳐 흘렀다.

청년들을 만나면 그는 많은 말을 들려주기보다 차라리 말을 듣는 편이었다. 한번은 잡지사 사무실에 찾아온 조종현에게,

"견성見性! 견성이라니, 하지만 그래, 마음을 어떻게 본단 말이지?" 했다.

"육안으로 물체를 보듯이 법안法眼으로 능히 뚜렷하게 마음을 볼 수 있지 않을까 합니다. 그러기에 '마음을 증득證得했다'고 하는 것이 아니겠습니까?"

조종현이 대답했다. 만해는 아무 소리 없이 한번 빙그레 웃으며 실내를 왔다갔다했다. 그는 손으로 턱을 받치고 체머리를 흔들며 깊은 생각에 잠겼다. 만주 시절, 불의의 흉탄

을 받은 만해는 평생 체머리를 저어야 했다. 파편이 그의 얼굴에 박혀 있어서 늘 고개는 한쪽으로 기울어 있었다.

연로해 가면서도 만해는 오히려 노익장의 투혼을 더욱 과시했다.

하루는 불교계의 관습을 탄식하기를,

"불법佛法은 가장 존귀한 인생의 최고 목적이라, 전생에 복을 지었어야 믿게 되는 것이다. 이는 물질이 아닌 귀중한 보물이기 때문에 사람마다 가질 수는 없다. 인류사상 유일무이唯一無二한 대성大聖 부처님도 불능도 무연중생不能度無緣衆生이라고 불능을 말씀한 것과 같이, 인연이 없는 사람에게는 신앙심을 주입시키기 어려우며 지식인으로서 불법을 이해하지 못하고 취생몽사醉生夢死하는 것은 큰 불행이다. 지식인 중에서도 박사 지위를 가진 사람들은 자기의 지식만으로 만족하기 때문에 신앙을 주입시키기가 더욱 어려우니 지知가 도리어 치痴다. 치痴자를 파자破字하면 '痴' 밑에 '알 지知'자를 더한 것이 되니 아는 것이 병病이다."

그는 승려 생활을 통하여 무엇을 얻을 수 있었던가?

"나는 결국 영생永生 하나를 얻은 것을 느낀다. 어느 날 육체는 사라져 우주의 적멸과 함께 그 자취를 감추기라도 하리라. 그러나 나의 마음은 끝없이 둥글고, 마음 편한 것을 느낀다."

한용운의 신앙 고백이다.

3. 민족 독립운동

독립운동의 선봉

작은 키에 얼굴도 자그만 편이지만 꼿꼿한 앉음새에 광휘로운 이마였다. 밝고 흰 얼굴, 강철 같은 의기에 반짝이는 눈이었다. 30대에 도승道僧의 면모가 여실했지만, 40대에 접어들어 역사의 부름을 받고 만해는 앞장서야 했다. 그는 당당하게 민족의 광장으로 달려갔다.

서울 계동桂洞 43번지는 신문화운동의 산실이요, 3·1운동의 비밀 아지트가 되었다. 계동 막바지에 있는 조그마한 집의 문간방에 거처하면서 만해 한용운은 역사에 빛나는 획기적인 일들을 해나갔다.

불교 개혁운동과 신문화 계몽의 잡지로 《유심惟心》지를 창간한 것은 1918년 9월이었다. 경제적인 사정이 어려운 가운데에서도 3호까

한용운이 발행한 불교잡지 《유심》 창간호(1918. 9. 1.)
한용운은 당시 자택이 있던 종로구 계동 43번지에 유심사惟心社를 설립하고, 불교 청년을 위한 대중 계몽지인 《유심》을 발행하였다.

지 내었다. 동인지 《창조》가 나오기 앞서 반 년 전에 나온 《유심》 잡지는 근대 문화의 서광이었다.

더욱 중요한 것은 만해가 계동 43번지 그 보잘것없는 문간방을 거점으로 하여 3·1운동을 추진해 나간 사실이다.

이때 이당以堂 김은호金殷鎬 화백이 옆방에 살고 있었다. 그는 당시의 만해 선사를 깊은 감회 속에서 회상한다.

그때 내가 달마達磨 화상의 그림을 그려 드렸는데 선생은 이것을 늘 방에 걸어 두셨죠. 선생은 무서운 분으로 서릿발 같은 기상이 있었지만 같이 앉아 얘기를 나누게 되면 재미있었습니다. 도무지 심심치가 않았거든요. 그리고 3·1운동 때도 그분과 같이 서대문 감옥에 갇혀 있었는데 그때 만해 선생이 시를 지었지요. 내가 기억하는 구절에 이런 대목이 있어요.

하늘 가득 찬 번뇌를 베어 내고
긴 휘파람 소리 달빛에 넘쳐…….

滿天斬荊棘
長嘯月明多

참으로 시의 경지가 높아 감옥에서도 그분의 기개에 모두 감복했죠. 그 뒤로 만년에 이르도록 만해는 나의 화실 이묵헌以墨軒을 자주 찾아주셨습니다. 하루는 내가 선생께 '저는 기독교인인데 이렇게 같이 상대해도 괜찮습니까?' 하고 문의해봤습니다. 만해 선생의 대꾸가 명언이었어요. 뭐라고 하시는가 하면 '불교나 기독교나 끝머리는 다 하나야. 별게 아니야' 했어요. 언젠가 나는 네 폭 병풍을 만들어서 선생께 드렸는데 성북동 심우장尋牛莊에 펼쳐두고 계시던 일이 어제 같기만 합니다.

계동 시절, 가슴속에 품고 있는 뜻을 펴고자 그는 겉으로는 조용해 보이나 비교적 분망한 나날을 보냈다.

독립운동 전야, 안팎의 정세는 참으로 어수선했다. 1918년 1월 미국 윌슨 대통령은 14개 조항에 달하는 평화 의견서를 발표했다. 여기에 약소 민족의 민족자결民族自決 원칙이 천명되어 있었다. 그해 2월 연합군의 승리로 제1차 세계대전은 막을 내렸다.

그 무렵 조선 총독부에서는 토지조사 사업을 완료해놓고 우리나라 삼천리 강산을 송두리째 삼키게 되었다는 듯이 기세가 등등했다.

저 멀리 민족지사들의 망명지인 만주 동삼성東三省에서는 여준呂準을 비롯한 민족 독립 운동자 39명이 독립선언서를 발표하기에 이르렀다. 망국의 한恨을 상징하는 고종 황제의 죽음에 이어, 다음달 즉, 1919년 2월 8일에는 도쿄 유학생 600여 명이 조선 기독교 청년회관에서 회의를 개최하고 독립선언을 했다. 춘원春園 이광수李光洙가 작성한 독립선언서가 이때 발표되었다.

그뿐이 아니었다. 상해에서는 대한 청년단의 여운형呂運

3·1 **독립선언서** 민족대표 33인 명단에 불교대표 백용성과 한용운이 있다.

후·김규식金奎植 등이 독립운동 준비에 몰두하는가 하면, 미국에 있는 대한 부인회에서도 한국의 독립에 관한 청원서를 윌슨 대통령에게 제출하기로 했다.

이렇게 독립의 불길은 나라 밖에서부터 점화되기 시작했다.

이러한 시기에 중생의 괴로움을 외면할 만해가 아니었다. 마흔을 갓 넘어선 그의 혈관에는 젊은 피가 약동했다.

만해는 3·1운동의 준비 공작을 하는 동안 여러 사람을 만났다. 최린을 통해 손병희孫秉熙 등과 큰 일을 도모하기 전에, 한규설韓圭卨·박영효朴泳孝·윤용구尹用求 같은 저명인사들을 많이 접촉해보았다. 그런데 모두가 미온적이요, 적극적인 언질조차 꺼려하지 않는가.

독립운동의 자금 조달을 위해서 하루는 국부國富로 알려진 민영휘閔永徽를 찾아보았다.

"오늘의 국제 정세는 민족 자결의 필연성을 느끼게 하는데 이때에 우리가 독립선언을 한다면 어떠리오?"

"그야 일러 무삼하리까. 조선인으로서 조선 독립을 싫다고 할 사람은 단 한 사람도 없겠죠. 대찬성이면서도 내 자신의 사정私情 때문에 표면에 못 나서는 것이 큰 유감이외다. 그러나 비밀리에 모든 협조를 아끼지 않을 뿐만 아니라, 그에 필요한 비용은 원조할 것을 약속하오. 선생, 앞으로는 나를 찾기보다 내 자식 형식衡植을 만나서 상의하여 일을 추진해도 될 거외다. 그 애도 그리 큰 바보는 아니니까요. 선생, 부디 성공을 비오."

간곡한 어조였다. 만해는 그 후 민형식과 절친해져서 무슨 일에든지 협조를 구할 수 있었다. 뒤에 신간회新幹會 일을 볼 때 자금 지원을 받은 것도 그 협조의 하나였다.

만해가 평소부터 의암義菴이나 월남月南과 교분이 있었던 사이는 아니었다. 최린을 통해서 그들의 의중을 타진했을 때 실망을 금치 못했다.

처음의 태도가 모두 미지근해서 도무지 적극적인 태도의 표명이 아쉬웠다.

민중의 신망으로 보나 인격으로 보나 명사급 인사들이 꼭 가담을 해야겠는데 한결같이 모두 꽁무니를 빼는 데는 어쩔 수가 없었다.

성급한 만해는 드디어 화가 치밀었다.

"죽기가 참 힘든 게로군!"

자못 마땅치 않은 기분을 억제하기 어려웠으나 그렇다고 또 무슨 일을 저지를 처지도 아니어서 이번에는 각 종교단체의 대표적 인사들과 접촉하여 설득하기로 했다.

민족 지도자들과 만남

그 당시 월남 이상재는 기독교 청년운동의 지도자로 지도층을 대표할 만한 원로급 개신교계 명사였다.

"월남 선생, 이번 운동에 나서야 하겠소. 일선에서 지도해 주십시오."

한동안 대답이 없던 월남은 고개를 갸우뚱한다.

"동지들의 뜻에 찬동하오. 그러나 나로선 있는 힘을 다해 후원은 하리다."

일선에 나서기를 회피하는 대답이었다. 한용운과 최린의 실망은 컸다. 그들은 다시 의암을 방문했다. 기독교측이 뒷걸음친다면 일의 추진이 지극히 난처했기 때문에 최후 담판을 벌여 보자는 속셈이었다.

의암 손병희가 그들을 대면하자 꺼낸 첫마디는,

"월남은 어떻게 됐소?"

하는 물음이었다.

"안 나서겠답니다."

"……."

의암은 입맛만 다셨다. 이에 불 같은 성미의 만해가 다그친다.

"의암 선생, 들어보오. 그래, 월남이 안 나선다고 당신도 그만둘 거요?"

눈을 지그시 감고 있던 의암의 입술이 움직인다.

"안 한다는 게 아니라……."

"그럼 어떻게 하실 생각이오? 이 일에 나서지 않는다면 편치 못할 줄 각오하시오."

만해가 협박조로 다그치자 제자인 최린이 부드럽게 설득을 벌인다.

"선생님, 일은 가능합니다. 남강 이승훈이 월남 못지 않게 적극적으로 활약하겠다 합니다. 일을 꾸며 성사하는 것은 저희들에게 일임하시고, 대표자로서 지시만 해주십시오."

"그럼 그렇게 하기로 하지!"

어려운 승락이었다. 의암은 그런 과정을 통해서 민족 대표가 되었다.

반면 월남 역시 지도적 인격의 표본이었다. 그는 풍자와 유머에 능숙해서 그것을 무기로 삼아 일제를 호되게 꾸짖었으며, 영원한 청년으로 평판이 높았다.

그러나 만년의 월남은 독립협회 때 겪은 지독한 옥고 때문인지 그러한 고초를 되풀이하는 것을 회피했던 모양이다. 그는 한 야인野人으로서 기독교 청년회관에 모여드는 청년들이나 동지들을 내세워 그 영향력을 미치는 것만으로 만족하려 했는지 모른다.

그러므로 월남은 만해 앞에서만은 부끄러움을 면할 길이 없었다.

이런 이야기도 전해온다. 만해가 그를 찾아가 대사大事를 의논하는 자리에서 월남은,

"독립선언을 하지 말고 일본 정부에 독립청원서獨立請願書를 제출하고 무저항 운동을 전개하는 것이 유리하오"

라고 반대 의견을 내놓았다. 그러나 만해는,

"조선 독립은 제국주의에 대한 민족 운동이요, 침략주의에 대한 약소 민족의 해방 투쟁인 만큼 청원에 의한 타력본위他力本位가 아니라 민족 스스로의 결사적인 행동으로 나가지 않으면 불가능합니다"

하고 주장했다.

이같이 서로 의견이 맞지 않아 만해와 월남이 정면 충돌하였기 때문에, 월남을 지지하는 많은 기독교계 인사들은 만해의 의견에 호응하지 않았다. 그래서 그는,

"월남이 가담했더라면 3·1운동에 호응하여 서명하는 인사가 더욱 많았으련만⋯⋯. 죽음을 초월한 운명 결단이 극히 귀한 법인데⋯⋯"

라고 한탄했다.

서명서에 기명 날인이 잘 되면 100명 이상은 되리라던 예측은 이로써 그만 무너지고 말았다.

1927년 3월 29일 세상을 떠난 월남 이상재 선생의 사회장社會葬 때였다. 만해는 장의 위원 명단부에 자신의 이름이 기재되어 있음을 알고 수표동水標洞에 있는 장의 위원회를 찾아가 자기의 이름 석 자를 펜으로 박박 그어 지워버렸다.

펜에 얼마나 힘을 주어 그었는지 펜촉이 부러지고 종이가 찢어졌다.

곁에서 이를 지켜보던 사람이 물었다.

"선생님, 월남과 무슨 원수진 일이라도 있으신가요?"

"그건 아닐세. 독립운동 당시 우리는 월남 선생을 찾아가 민족 대표로서 동의해줄 것을 간절히 요청했다네. 그때 월남은 끝끝내 거절하더군. 사회장도 좋아. 하지만 거족적인 큰 일에 나서지 않은 그에게 경의를 표해야 할 이유를 나는 모르겠단 말야."

만해는 홀연 그 자리를 떠났다.

최린과 함께 월남을 찾았을 때 거절당한 만해로서는 당연했을지도 모른다.

만년의 월남은 적극적인 행동을 보류했으므로 만해 앞에서만은 부끄러움을 무릅쓰지 않을 수 없었다.

3·1운동은 모든 종교 세력의 통합 형태를 띠고 있지만, 33인의 태반이 천도교와 기독교 계통의 인사들이었다.

하지만 당초의 3·1운동 전개의 핵심체는 천도교와 불교였다. 기독교 대표 월남 이상재의 수수방관으로 한때 좌절에 빠졌으나 무엇보다도 최린의 비상한 수완으로 남강의 호응을 얻게 되고, 그에 따른 기독교계의 헌신적 봉사 정신으로 일은 비교적 순조로웠다.

남강南岡 이승훈李昇薰은 1864년 3월 25일 평북 정주定州에서 아버지 이석주李碩柱, 어머니 홍주 김씨의 2남으로 태어났다.

남강의 생후 8개월 만에 어머니 김씨가 산후의 병과 심한 노역으로 병사하여 그는 조모의 손에서 자랐다.

열 살이 되던 해에는 조모와 아버지가 별세했다. 그들 형제는 천애 고아가 되어 남강은 매우 불우한 소년으로 자랐지만, 나중에는 일약 대사업가로서 그 두각을 나타내었다.

남강이 본격적으로 민족운동에 뜻을 굳힌 것은 1907년 7월 평양에서 도산 안창호의 교육 진흥에 관한 강연을 듣고부터였다. 남강은 도산을 만난 후 정주 용동龍洞 향리에 돌아와 강명의숙講明義塾을 세웠고, 비밀 결사 신민회新民會의 발기에 참여했다. 또 서도西道에서는 처음인 중학교로 오산학교伍山學校를 세웠다. 오산학교야말로 후에 민족 교육의 명문으로 우리나라 민족 교육사상 금자탑의 역할을 담당하게 되었다.

1911년 2월 남강은 서울행 기차 안에서 세칭 안악 사건安岳事件으로 일경에 체포되었다. 그는 제주도에서 유배 생활을 하였다. 그러나 그해 가을 105인 사건으로 그는 다시 제주도에서 서울로 압송되었다.

그는 경술 국치 직후 평양에서 기독교에 입교한 몸이었다.

1912년 10월, 남강은 경성 지방 법원에서 10년 징역을 언도받고 복역하다가 1915년 가출옥으로 석방되었다. 그 동안 그의 신앙은 감옥 속에서 더욱 굳어졌다.

감옥에서 나온 남강은 오산학교에 돌아와 교회와 교육에

온 힘을 기울였다. 남강이 처음 3·1운동에 대하여 구체적인 교섭을 받은 것은 1919년 2월 초순 선천宣川에서였다. 연락을 받고 남강은 곧 서울에 도착하여 계동 김성수金性洙 저택에서 송진우宋鎭禹와 만나 기독교도 참가하겠다는 데 합의했다.

활발한 독립운동

1919년의 새 봄은 뜻있는 사람들에게는 바쁜 나날이었다. 1월에 접어들면서 만해로서도 일생을 통하여 가장 바쁜 시절이었다. 평소에 말수가 적고 명상에 젖는 일이 잦은 그였으나 이 무렵만은 그래도 해야 할 말이 많은 편이었고, 거들어야 할 일들이 많았다.

당시는 종교단체 이외의 단체는 거의 없는 실정이었다. 여타의 단체들은 모조리 해산을 당해서 명맥을 보존하고 있는 것은 천도교와 기독교·불교 단체, 그리고 유림들이 고작이었다. 천도교측과 기독교측의 합동은 쉽게 달성되었으나, 전 민족의 총역량을 통합하고 국민 대중을 총동원시키려면 아직은 약체였다. 불교단과 유교측의 참가 없이는 완전한 민족적 통일 체제라고 볼 수가 없었다.

그 무렵의 어느 날 밤이었다. 강원도 양양군 통천면 신흥사에 있던 한용운은 계동 43번지에서 일본 유학 시절부터 친교가 있던 최린을 맞이했다. 그들은 다같이 국제 정세와 국내의 동향에 대한 화제로 열을 올렸다.

한용운이 비분강개한 어조로,

"천재일우千載一遇인 이 기회를 우리로서 어찌 좌시 묵과할 수 있는 일이오?"

라고 했다.

그동안 독립운동을 위한 준비 과정을 전해 들은 만해는,

"그렇다면 최 동지, 불교측 동지들과 합의하여 공동으로 참가하겠소"

하고 즉석에서 확답했다.

그 후 만해는 불교측 동지를 규합하기에 백방으로 노력했다. 박한영·진진웅·오성월 스님에게 연락을 취했으나 시기가 급박하고 일경日警의 감시가 심해서 성과를 거두기는 어려웠다. 그래서 해인사 백용성 스님 만을 민족 대표의 동지로 얻었다. 그러나 그들은 족히 불교측을 대표할 만한 인물이었다.

이로써 기독교·천도교·불교 등 3대 교단의 동맹이 성립되었다. 만해와 최린은 이와 같은 태세라면 가히 전 민족을 대표할 수 있다고 보았다.

만해는 3·1운동을 계획하면서 독립선언 서명자 가운데에 유림 출신의 인사가 한 사람도 끼여 있지 못한 것을 개탄했다. 서울에는 유림 지도자들이 있으나 거의 친일에 기울어져서 경남 거창居昌에 사는 대유학자 면우俛宇 곽종석郭鍾錫을 찾아갔다.

만해는 먼저 면우에게 세계 정세를 알리고 독립운동의 참

가를 구했다. 면우는 즉석에서 협조할 것을 쾌히 승낙하고, 곧 가사家事를 정리한 뒤에 서울에 올라와 서명하겠다는 약속을 했다.

그러나 면우는 공교롭게도 독립선언일을 며칠 앞두고 급환으로 자리에 눕게 되었다. 그래서 아들에게 자기 인장을 가지고 만해를 찾아가라고 했다. 아들은 독립선언일 이틀 전에 서울에 올라와 만해를 만나려고 하였으나 찾지 못하고, 명월관 지점에서 독립선언이 끝나는 날에야 비로소 잠깐 만났다. 그리하여 사후 서명이라도 하려고 했으나 초긴장이 된 분위기에서 그 뜻을 이루지 못하고 말았다. 따라서 독립선언서에 실제로는 면우의 인장이 찍히지 않았다 하더라도 실질적으로는 찍힌 것과 같으니, 서명자는 33인이 아니라 34인이라고 할 수 있다.

3·1운동 주동자로 끌려가 공판 심문을 받을 때 만해는, 면우를 만나러 거창으로 갔으나 형사들이 미행하는 바람에 할 수 없이 중단하고 되돌아왔다고 거짓 진술을 했다. 이것은 물론 면우와 그 아들의 신분을 보호하기 위해서였다.

결국 천도교·기독교·불교 등 세 종교단체가 통합해서 3·1운동은 계획되었다.

물론 33인 중의 대표는 의암 손병희다. 그러나 그 실제의 정신적 지도자의 한 사람으로 만해를 잊을 수는 없는 일이다.

각 방면으로 동지를 규합하면서 운동의 실행 방법은 최린에게 일임했다.

2월 20일경이었다. 최린과 만난 한용운은 이렇게 제의했다.

"독립운동에 있어서 폭력을 쓰는 것은 도저히 성공할 수 없으니, 우리 민족의 의사를 중외에 표명함으로써 열국의 성원을 얻도록 하는 게 어떻겠소?"

"나도 비폭력주의에 전적으로 찬동하오. 그렇게 함으로써 열강국의 성원은 물론, 일본 정부와 의회에서도 동정을 얻을 수 있을 게 아니오."

이리해서 열국의 성원을 얻고, 또 일본의 동정을 얻게 되면 한국은 민족 자결에 의해 독립이 성취될 길이 열릴 것으로 내다본 그들은 그런 뜻에서 여러 가지 합의를 보았다. 세계 만방에 선언서를 보내는 것이 좋겠다고 생각하여 선언서 작성과 실무를 최린이 맡기로 했다.

의암은 이에 최린의 건의대로 독립운동의 원칙을 '대중화·일원화·비폭력화'에 두고 이 원칙의 관철을 위한 노력을 전개했다. 그래서 결국 최남선·송진우 계와의 제휴에 그치지 않고, 기독교·불교·유교 등 각 종교계와의 제휴는 물론 학생측까지 합류시킨 운동 추진체의 통일전선 형성을 완성하도록 하였다.

독립운동의 3대 원칙을 근간으로 민족 정기의 발현을 천명한 독립선언서는 최남선에게 위촉되어 기초되었고, 이 밖에 독립통고문·독립청원서도 완성되었다.

독자적 운동 전개를 기도했던 기독교측과의 제휴는 이승훈과 최린의 노력으로 2월 하순에 이르러 행동 일치의 타결을 보았으며, 천도교측에서 기독교측에 거사 자금의 일부를 융통해주었다.

독립운동 서명 대표가 선정되고 나서 독립선언서 2만 1천 통이 이종일李鍾一의 보성사普成社에서 인쇄되어 경향 각지에 밀송되었다. 손병희의 이 같은 용단은 3·1운동이라는 거사를 이루는 데 커다란 횃불이 되었다.

이로부터 천도교측은 최린이, 불교측은 한용운, 기독교측은 이승훈·함태영咸台永 두 사람이 대표로서 일을 추진해 갔다.

육당六堂 최남선崔南善도 그들과 함께 재동 68번지 최린 자택에서 회동會同하였다. 그런데 그는 뜻밖에도 그사이 심경의 변화가 있었던지,

"나로선 일생을 통하여 학자의 생활로 관철하기로 이미 결심한 바 있으므로 독립운동의 표면에는 나서지 않겠으나 계속 협조하겠소"

라는 해명을 하면서 후선後線에 물러앉는 형식을 취했다.

현상윤玄相允도 처음부터 이들 모임에 참여했으나,

"그대는 전도가 유망한 청년이니 힘써 공부하여 후일 호기好機를 기다리는 게 어떻겠나?"

하는 최린의 제의를 받아들여 도중에 관계를 끊게 되었다. 또한 송진우 역시 중도에서 관계를 끊었다.

천도교에서는 손병희를 중심으로 해서 최린·오세창·권동진 세 사람이 수시로 회합했고, 회합이 진행되는 상황은 3

교를 대표하는 회의 석상에서 보고되고는 했다.

학생들의 움직임도 활발했다.

연희전문학교 학생 김원벽金元璧, 보성전문학교 학생 강기덕康基德, 경성의학전문학교 학생 한위건韓偉健 등이 중심이되어 독자적으로 운동을 전개하여 독립선언서를 발표하자는 계획이 있었다. 2월 23일이었다. 33인 중의 한 사람인 박희도朴熙道가 김원벽을 만나 역설하였다.

"독립운동을 전개하려는 그대들 뜻은 장하네. 그러나 독립운동이란 절대로 일원화되어야 한다는 걸 잊지 말게. 학생단의 독자적인 운동을 그만두고 3교 단합 운동에 참가하여 이를 원조해 나가는 것이 학생 신분으로 보아서도 당연한 일이 아니겠나?"

학생들은 박희도를 중심으로 따로이 모임을 갖고, 교단운동의 본부에 참가하여 그 지휘에 따라 활동하기로 의견의 합치를 보았다.

독립운동의 방식으로는 평화적인 시위로 일관하자는 데합의를 보았다. 일정한 장소에 모여 선언서를 발표하고 독립만세를 소리 높이 부를 뿐, 결코 폭력적 행동은 취하지 않기로 했다.

약소 민족의 해방운동에 있어서 비폭력 무저항주의를 채택한 것은 당초에 결정한 3대 원칙에 의한 것이었다.

독립선언서의 완성

2월에 접어들면서부터 독립선언서의 작성 문제가 논의되기 시작했다. 최린이 최남선·현상윤 등과 더불어 운동 계획을 협의하던 차에, 운동의 골자를 정리하여 선언문을 준비해놓아야 한다는 데 의견이 기울었다.

그 자리에서 육당은 선언서 기초를 맡게 되어 친구의 집을 찾아가 며칠 동안 잠적해 있었다. 임규林圭라는 친구의 집이었다. 그의 부인은 일본 여자였다. 그녀의 다정스러움은 세상에서 육당과의 관계를 의심할 정도였던 모양이다. 그녀의 도움을 받으며 육당이 독립선언서를 은밀히 작성해 나간 것은 그녀 자신으로서도 상상 못할 일이었다.

초고草稿를 완성한 육당은 한복 저고리 동정에다 그것을 꿰매 가지고 재동 68번지 최린의 집으로 왔다. 그 날이 2월 15일이었다. 최린은 육당의 독립선언문을 읽어 본 뒤 흡족해하면서 벽에 걸려 있는 거문고 안에 감추어 두었다.

육당은 독립선언서를 비롯하여 일본 정부 귀족원貴族院과 중의衆議院 양원 및 조선총독부朝鮮總督府에 보내는 통고서와 미국 대통령 윌슨에게 보내는 청원서, 그리고 파리 강화회의 열국列國 위원들에게 보내는 서한을 작성했다.

그 얼마 뒤 한용운이 최린의 집에 왔다. 독립선언서 얘기가 나오자 그는 다른 주장을 했다.

"그래, 독립운동에 직접 책임을 질 수 없다는 육당으로 하여금 독립선언서를 작성케 하다니 그건 불가한 일이오."

"그럼 어떻게 하면 좋겠소, 만해?"

"우리가 이미 생사를 같이하기로 한 이 마당에 내가 지어 볼까 하오."

"누가 짓든 간에 시간이 없으니 이제 와서 어떻게 하리 까? 선언서만은 육당이 지은 걸로 그냥 둡시다. 자아, 여기 읽어 보오."

거문고 안에서 꺼낸 선언문을 읽어 내려가며 만해는 다소 눈살을 찌푸렸다.

"문장이 너무 어렵고 장황하군."

"하지만 만해, 앞으로 시간이 촉박한 이 마당에 다시 쓴 다는 것은 무리라고 보오. 육당의 문재文才를 인정해서 그냥 쓰되 이 자리에서 자구字句 수정 정도로 손보아 곧 인쇄에 넘깁시다."

만해의 붓끝을 거쳐 약간 수정된 선언문에 이어 '공약삼 장公約三章'이 새로이 추가 작성되었다.

"그 공약삼장이란 것은 불법승佛法僧 삼보三寶 정신에 입각 하여 쓴 것이었어."

뒷날에 만해가 술회한 말이었다. 만천하에 공언한 약속대 로 '최후의 일인'으로서 '최후의 일각'까지 불꽃을 거둘 줄 몰랐던 만해이고 보면 육당의 독립선언서가 마음에 찰 수 없었다. 그것은 그가 얼마 뒤에 옥중에서 쓴 〈조선 독립 이 유서〉를 보면 사정을 잘 알 수 있다. 보다 심오한 독립운동 의 대헌장을 옥중에서 기술한 만해이고 보면 그가 행동가이며 혁명가이기에 앞서 사상가요, 문장가의 한 사람임을 우리는 알 수 있다. 그러나 공약삼장마저 육당이 작성해놓은 것으로 역사학계에서는 문제가 제기되기도 했지만, 육당과 만해의 합작일 가능성이 높은 것으로 전해진다.

독립선언서의 인쇄는 오세창으로부터 천도교에서 경영하는 인쇄소인 보성사에 보내졌다.

보성사 사장 이종일은 공장 감독 김홍규에게 김은 다시 직공 신영구에게 부탁하여 27일 밤부터 이튿날 2시까지 2만 1천 장 가량을 비밀리에 인쇄했다. 보성사 직공의 기술이 부족하여 그 며칠 앞서 육당이 자기가 경영하는 신문관新文館에서 파수를 보면서 직공을 시켜 조판을 해온 것을 최린의 집에 두었다가 인쇄에 돌린 터였다.

독립선언서에 서명한 사람은 기독교에서 16명, 천도교에서 15명, 불교에서 2명이었다. 33인이라는 숫자는 계획적인 것은 아니었으나 3·1운동과 대조해 볼 때 관련성이 있어 보이는 것도 기이한 우연이었다.

그러나 선언문에 서명하는 순위의 결정에 있어서는 27일 밤 적지 않은 논란이 있었다. 최린 자택에 자리를 같이한 이승훈·이필주·함태영 등은 기독교측으로, 한용운은 불교측으로, 최남선은 개인 자격으로 합석하여 독립선언서와 기타 문서에 기명記名 날인하게 되었다. 선언서 이외의 서류가 미비한 관계로 별지別紙에다 연명자의 성명을 줄달아 쓰고 그 밑에 날인하기로 했다.

서명자의 순서를 어떻게 하느냐가 문제였다. 처음에 기독교측에서의 제의는 연령순으로 하거나 가나다순으로 하자는 것이었다. 세 교단의 합동이므로 종교적 지위로 보아 기독교인이 수위를 차지해야 한다는 뜻이 내포되어 있었다.

최린이 말하였다.

"가나다순으로 연명한다면 천도교회의 체제와 질서로 보아서 선생과 제자가 역위逆位로 기명될 것이니 그럴 수 없소."

그러자 피차의 주장이 손쉽게 조화되기는 어려웠다. 이에 최린은 강경한 태도로 나왔다.

"그러면 이 순간까지 서로 노력해온 일은 그만 파의罷意할 수밖에 없소."

육당이 입을 열었다.

"인물로 보나 거사의 동기로 보아서나 손병희 선생을 영도자로 모셔 수위에 쓰는 게 어떠하오?"

이에 기독교측에서 이승훈이 선뜻 응했다.

"순서가 무슨 순서요. 이거 죽는 순서 아닌가, 죽는 순서. 누굴 먼저 쓰면 어때요. 그럼 손병희를 먼저 써."

격정을 억누른 후 이승훈이 말을 잇는다.

"그리고 제2위는 기독교를 대표해서 길선주吉善宙 목사를 씁시다."

이 타협론에 수긍을 해서 길 목사를 둘째 자리에 썼다. 그러나 기독교측의 자파 내에서 이의를 제출하는 사람이 있었다.

"길 목사는 장로교파로서 기독교 전체를 대표하기 어려우니 감리교를 대표하여 이필주李弼柱 목사를 제3위로 쓰는 게 어떨까요?"

이필주 목사가 서명 날인을 끝낸 후, 이번에는 불교측을 대표한 한용운이 말문을 열었다.

"우리 불교에서는 시일이 급박한 관계로 다수가 참석하지 못한 것은 유감이오. 하나 숫자가 비록 적다 하더라도 최후까지 투쟁할 것이니 그리 아시고, 제4위는 불교계의 백용성 씨를 쓰는 것이 옳다고 보아요."

그래서 손병희로부터 백용성까지 제4위가 확정되고 그 다음부터는 가나다 순으로 서명 날인해 나갔다. 김완규金完圭에서 홍기조洪基兆에 이르기까지 29명이 차례로 서명 날인하는 동안 장내에는 엄숙한 침묵이 흘렀다. 실질적인 주동 역할을 한 이승훈·최린과 함께 한용운도 묵묵히 가나다 순위에 따라 서명해 나갔다.

그 자리에 참석하지 못한 서명인의 도장은 각기 그 친분대로 모아 가지고 왔었고, 천도 교인들은 재동에 있는 김상규 댁에서 인장을 모아 보냈다.

그 자리에 있던 함태영이나 최남선이 서명에 빠진 것은 이유가 있었다. 함태영은 처음부터 기독교측을 대표하여 중요한 역할을 한 사람이었다. 당연히 서명할 처지였지만 동지들이 투옥된 뒤에 그 가족을 돌보는 일과 상해와의 연락을 책임지기 위해서 빠지기로 합의가 되어 있었다. 교회의 모

든 사후 처리를 담당할 책임자로 동지들이 선정한 까닭에 33인의 대열에는 가담하지 않고 활약하였다

육당 최남선은 선언문을 기초할 당시부터 그 기초의 책임을 최린이 대신 지기로 약속했었다. 그러나 서명하는 그 자리에서 최린은 다시 한 번 그에게 권고했다.

"육당, 선언문을 내가 작성하였다는 약속은 어디까지든지 이행할 터이나 사실이 중대하므로 다시 생각해보오. 필경은 발각이 되고 말 것 같은데 그러할 바에는 차라리 독립선언서에 기명해 두는 것이 어떠하겠소?"

그러나 육당은 최린의 권유를 거절했다.

"그 말도 그럴듯하나 나는 학자 생활로 일생을 관철하고 싶다는 것이 내 일관된 주의가 아니겠소. 그런데 이제 독립선언서에 기명한다는 것은 곧 정치 운동의 표면에 나서는 것이므로 내 평소의 주의가 허락하지 않는 바이오."

육당 최남선이 작성한 3·1독립선언서는 만해의 마음에 흡족한 것은 아니었지만, 시간 관계상 그가 다시 쓸 형편은 못되어 육당이 기초한 것에 만해가 글자 수정만 했다.

그러나 3·1운동의 행동 지침인 공약삼장만은 만해의 손길을 거치게 되었다.

一. 금일 오인의 차거此擧는 정의인도正義人道 생존존영生存尊榮을 위하는 민족적 요구이니, 오직 자유적 정신을 발휘할 것이요, 결코 배타적 감정으로 일주逸走하지 말라.

一. 최후의 1인까지 최후의 1각까지 민족의 정당한 의사를 쾌히 발표하라.

一. 일체의 행동은 질서를 가장 존중하여 오인의 주장과 태도로 하여금 어디까지든지 광명정대하게 하라.

조선 건국 4252년 3월 1일 조선 민족 대표

손병희 길선주 이필주 백용성 김병조 김완규 김창준 권동진 권병덕 나용환 나인협 양전백 양한묵 유여대 이갑성 이명룡 이승훈 이종훈 이종일 임예환 박준승 박희도 박동완 신석구 신홍식 오세창 오화영 정춘수 최성모 최린 한용운 홍병기 홍기조

육당의 중후한 문장으로 된 독립선언서에 만해의 확고한 행동 결의가 더해진 공약삼장은 누가 보아도 확실히 금상첨화錦上添花였다.

3·1 운동의 준비

거사일을 3월 1일로 정한 것은, 고종 황제의 국장國葬 곧 인산因山날을 며칠 앞두고 서울과 지방 각처의 많은 인파가 운집하는 기회였기 때문이다.

일본인들이 역신배逆臣輩를 사주使嗾하여 고종 황제를 독살하였다는 유언비어가 떠돌아 인심은 극도로 격분되어 있었다. 천시天時·지리地理·인화人和 어느 면으로 보나 여건은

무르익어 갔다.

민족의 독립운동은 성스러운 과업이었다. 3월 1일은 삼위일체를 의미하는 뜻도 지니게 되었다. 3교단이 하나가 되어 일으키는 운동으로서 3월 1일의 선정은 큰 의미가 있었다.

거사의 장소를 파고다공원으로 정한 것은 서울에서도 중심 구역으로 어느 때든지 다수의 인파가 집결하는 곳이기 때문이었다.

독립선언서가 인쇄되자 그것을 배포하는 일은 서울 시내의 경우 학생단에서 주로 전담하게 했다.

지방 주체에서는 기독교와 천도교에서 분담하여 인원을 파견하기로 했다. 학생단에서는 교단 운동본부의 지시에 따라 28일 시내 각 전문학교 대표와 중·고등학교 대표 수십 명이 승동 예배당에 모여서 시내 각처에 선언서를 배포할 것과 아울러 3월 1일 오후 2시에 탑골공원에 모여서 시위운동을 전개할 것을 약속했다.

한편 일본 내각과 의회 양원에 보내는 서류는 최남선이 임규에게 부탁하여 27일 밤 임규가 도쿄로 파견되었고, 이에 앞서 외지外地와의 연락을 위하여 23일 기독교 목사 현순玄楯을 상해로 파송한 바 있었다.

이러한 물샐틈없는 조직과 시책으로 대체의 준비는 종료되었다. 이제 설혹 일이 발각된다 하여도 성공에는 아무 지장이 없는 듯하였다. 독립운동에 나서게 된 동지들은 대체로 만족했다.

그러나 최린의 고심은 여전했다. 3·1운동은 민족 대표들이나 이에 호응한 경향 각지의 애국 동포들에 의해서만 가능했던 것이 아니다. 역설적으로 그것을 가능하게 했던 두 명의 민족 반역자가 있다. 민족 반역자 이완용과 한국인 악질 형사 신철申哲에게도 소극적이나마 3·1운동이 성사되도록 이끈 공로가 있었다. 거사의 낌새를 알아차린 두 사람에게 최린은 신비로운 힘을 발휘했다. 3·1운동을 눈앞에 두고 극적으로 두 사람을 차례로 설복시켰던 것이다. 그들이 결사 사실을 일경에 알렸던들 거사는 불가능할 뻔했다.

민족의 대전大典인 독립운동이란 일대 거사를 하루 앞두고 이 성스러운 의거에 뜻을 같이하여 순국의 이념에 마음을 함께 하기로 맹세한 민족 대표자들은 2월 28일 하오 5시경 가회동 170번지 손병희의 자택에 모였다. 동지간에 서로 얼굴을 마주하고 최후의 결의를 하자는 모임이었다.

서명자 중에서 모임에 빠진 인사는 길선주·양전백·이명룡·김병조·정춘수·유여대·백용성·양한묵·홍기조·나인협 등 10명이며, 나머지 23인이 모두 자리를 같이했다.

불교측으로 한용운, 기독교측으로 이승훈·박희도·최성모·신홍식·이갑성·김창준·이필주·오화영·박동완·신석구 그리고 천도교측으로 손병희와 최린을 비롯하여 이종훈·홍병기·권동진·오세창·나용환·임예환·박준승·이종일·권병덕·김완규 등이 있었고, 함태영도 합석했다.

장소는 가회동 아늑한 산정山亭이었다. 첫대면인 사이는

서로 인사를 교환하고 다과茶菓를 들었다. 주인인 의암이 간단히 인사말을 했다.

"이번에 우리의 의거는 위로 조선祖先의 신성한 유업을 계승하고 아래로 자손 만대의 복리를 작흥作興하는 민족적 위업이오. 이 성스러운 과업은 제현諸賢의 충의에 의지하여 반드시 성취될 줄 믿어 의심치 않는 바이오."

그는 두어 달 남짓 은밀히 추진시켜 온 이 위대한 사업이 하루 전날 밤까지 일경에 발각되지 않았음을 기도드려 감사했다. 거기에 모인 동지들의 건투를 비는 마음 또한 간절하였다.

그들은 모두 민족운동의 완전한 성공이나 즉각적인 영향력은 당장 기대할 수 없다 하더라도 그때까지 아무 사고 없이 일을 진행시켜 왔음에 비추어 천우신조天佑神助였다는 생각을 했다.

"이번 우리의 성스러운 거사는 반드시 성공하리라 믿소. 우리의 간절한 소원도 성취되리라 믿어서 여기 여러 동지들이나, 앞으로 독립 만세를 소리 높여 외칠 우리 겨레들 중에서 단 한 사람의 희생자도 나오지 않는다면 얼마나 다행이겠소. 끝까지 우리는 우리의 뜻이 관철될 때까지 싸워야 하오."

의암은 감격이 북받쳐 목이 메는 듯했다. 그의 말에 이어 내일 있을 거사 장소에 대하여 말이 오고 갔다. 박희도가 말문을 열었다.

"학생들의 동태를 보건대 내일 파고다공원에서 독립선언식이 있음을 벌써 알고 다수의 청년 학생들이 동원되어 모일 것인데 이를 어떻게 하면 좋겠소?"

여기에는 의견이 백출했으나 얼마 후 전체 의사가 좁혀져 갔다.

"그렇다면 내일 파고다공원에 많은 학생과 민중이 모여들게 마련이고 군중 심리로 뜻밖의 무슨 동요가 있을지 염려스럽구려. 또 일본 군경이 무슨 간계奸計라도 꾸며 현장을 교란하여 폭동의 구실로 삼는다든가 이에 혹독한 탄압 수단으로 나올지 모릅니다. 우리 일동은 공원 근처에 있는 명월관 지점 태화관에 모여서 하회下回를 보아 선처하는 게 옳다고 보아요."

태화관으로 장소를 정한 그들은 선언문 낭독에 대해서도 의견을 모았다.

"장황한 선언문을 읽어 나갈 시간이 있을까요?"

"없다고 봅니다. 누가 간명하게 선언서 요지를 설명하고 만세만 불러도 될 일입니다."

"누가 그 일을 맡을까요?"

"한용운 동지가 좋다고 봅니다."

그들은 만해를 내세워 설명을 간명하게 듣고 이어서 곧 대표자로 만세를 고창하도록 합의를 보았다.

어떤 참석자가 입을 열었다.

"나는 지난번에 헌병대에 잡혀 가서 취조를 당해본 경험

이 있는데, 그때 무엇보다 곤란했던 것은 동지들 간에 서로 말이 맞지 않은 점이었습니다. 그러므로 우리가 이 자리에서 중요한 사항만은 말을 서로 맞추어 둘 필요가 있을 듯합니다."

지난 체험을 되살려 일을 보다 더 빈틈없이 하자는 독립투사의 제언이었다.

이에 대해 대범한 성격의 최린이 대구했다.

"당당한 민족 대표로서 독립선언에 관한 사실을 군이 왜곡하거나 은폐할 필요가 없다고 보오. 그리고 설혹 이 자리에서 미리 말을 맞춘다 해서 반드시 잘 된다는 보장도 없소이다. 각기 자신이 관계한 사실을 사실대로 떳떳하게 털어놓는다면 말을 맞추지 않아도 저절로 맞춰질 것이오. 종내엔 역사에 기록될 것이니 구애받지 말고 말하기로 합시다."

이 말에 일동은 웃으면서 동의했다. 참가자 전원은 내일의 성사를 기원하고 동지 서로의 건투를 빌면서 최후의 만찬에서 축배를 들었다. 밤 늦게 가회동의 의암댁 산정에서 산회한 민족 대표들은 각자 집으로 돌아갔다.

누구 하나 제대로 잠을 이룰 수 없는 가슴 설레는 전야前夜였다.

만세는 한반도 전역에서 메아리치고 독립에 대한 염원은 전세계를 뒤흔들 것이었다. 필경 일경의 검거를 피할 수 없는 몸들이었다. 그들의 지독한 고문에 견뎌내야 할 판국이었다. 하지만 마지막 길을 가는 마당에 떳떳하게 처신해야 한다는 다짐을 했다.

1919년 2월 말일 밤 10시, 계동에 자리잡고 있는 만해의 집에 청년 승려 10여 명이 모였다. 백성욱·김법린 등을 포함하는 중앙 학림 학생들이었다. 희미한 불빛 아래 총총히 인사를 마치자 만해는 일장의 연설을 했다.

"여러 날을 두고 궁금히 여기던 제군들에게 기쁜 소식을 전하겠소. 제군들이 물론 안타깝게 생각하는 줄은 알고 있으나 기밀이 누설될 것을 염려해서 그동안 침묵을 지켜왔소."

이렇게 서두를 땔, 만해는 그가 그 동안 활동한 이야기를 들려주고, 독립선언서는 육당이 지었고, 자신이 가필을 하였다는 등을 이야기한 다음, 1만여 장의 선언서를 이들에게 수교하면서 마지막으로 이렇게 강조했다.

"이제 헤어지면 언제 만날지 모르오. 그러나 조국 광복을 위해 결연히 일어선 우리는 아무런 두려움도 없지만, 오직 불조佛祖의 혜명慧命을 받들어, 서산西山·사명四溟 제사諸師의 법손法孫으로서 민족의 독립 완성에 매진하기 바라오. 자정이 넘었으니 어서들 물러가시오."

일행을 보내고 나서 만해는 혼자가 되어 명상에 잠겼다. 일의 성패는 이제 내일 하루에 달려 있었다. 생사도 그러했다. 거사를 눈앞에 둔 그의 마지막 밤은 '사랑의 불'이 가슴에 타올랐다. 만해는 거의 뜬눈으로 밤을 지샜다. 왜장을 끌어안고 남강에 뛰어든 논개처럼, 왜장의 머리를 베고 대동강에서 자결한 계월향桂月香처럼 그는 그가 뛰어들 역사의 광장을 예감했다.

그는 이미 출가하여 승려가 된 몸이기에 가족을 위해 흘려야 할 눈물이 간직되어 있지 않았다. 눈물이 남아 있다면 중생을 위하고 민족을 위하는 조국애로서였다. 그러므로 그의 눈물 속에는 불꽃이 치솟았다. 만해는 빼앗긴 땅이 되어버린 조국이라는 이 크나큰 '무덤 위에 피묻은 깃대를' 세우고자 밤을 밝혔다.

세계에 알린 조선 독립

묵도 속에서 새벽을 맞이했다.

1919년 3월 1일이 왔다.

계동 43번지에서 아침을 맞이한 만해는 담담한 심경이었다. 손병희 일행과 만날 시간은 점심때로 되어 있었다.

서울 거리는 고종 황제의 인산因山으로 많은 사람들이 붐볐다. 시내의 남녀 학생들은 정오를 알리는 시보를 신호로 파고다공원에 모여들었다.

이날 아침 손병희는 아침을 마치고 동지들을 기다렸다. 권동진·오세창 두 사람이 들어왔다.

이들은 시중의 동태에 대하여 잠시 이야기를 나누었다. 이윽고 최린이 달려왔다.

"아침 일찍 우리 집 대문 앞에 뿌려진 독립선언서 두 장을 읽어 보았소. 틀림없는 우리들 거사의 결과였는데 시내에 무사히 배포되었구나 해서 감격했지요. 조반을 대하여 몇 술 뜨다가 문득 생각이 났습니다. 선언서가 발표된 이상 우선 선언서에 서명한 사람들만은 그냥 둘 리가 없겠기에 집에 있다가 잡히는 것보다는 여기 와서 선생님을 모시고 예정된 장소에 가서 여러 동지들과 같이 당하는 것이 옳다 해서 식사를 중지하고 오는 길입니다."

그들은 인력거에 몸을 싣고 인사동仁寺洞에 있는 명월관 지점 태화관에 이르렀다. 때는 정오였다.

그들 일행을 반갑게 맞이하는 태화관 주인 안순환에게,

"내객은 한 30명쯤 되는데 지난날의 부탁대로 성찬을 준비하시오."

하고 일렀다. 일행은 산정山亭 별실에 가서 자리잡았다. 태화관은 천도교, 특히 의암과는 인연이 깊은 곳이었다. 해마다 개최되는 천도교 각 기념일의 연회는 이 곳에서 베푸는 일이 많았다. 혹 다른 곳에서 배푼다 해도 요리상 주문을 하는 예가 많았다.

안순환으로서는 의암이 가장 큰 고객이었다. 그래서 의암의 말이라면 모든 편의를 제공해 마지않았다.

남강은 기독교측의 다른 동지들과 같이 1시가 조금 넘어 태화관에 왔다. 길선주·김병조·정춘수 등 몇 사람만 빠지고 다른 동지들은 다 와 있었다. 1시 반이 되어 천도교측에서도 모여들었고, 한용운·백용성은 시간 전에 와 있었다. 29인은 2시 전에 전부 모였다.

그때였다. 파고다공원에 운집해 있던 학생 대표 강기덕 외에 몇 사람이 태화관에 달려왔다.

회석會席까지 들어온 그들은,

"여기에들 계시지 말고 저기 공원으로 안 가시렵니까? 저기 모여든 민중의 인파 속에서 식을 정중히 거행해야죠"

하고 강경히 요청했다. 그들의 주장은 결코 무리한 것이 아니었다.

그러나 이미 결정한 바가 있었으므로 그들을 달래어 간신히 돌려보냈다. 탁자 위에는 나용환이 가져온 100여 장의 독립선언문이 흰 보자기에 싸여 있었다. 일동은 감격에 떨리는 손으로 각기 선언문을 펴들었다. 각 사람의 열람에 그치고 낭독만은 생략했다.

조국의 광복에 일신쯤은 바칠 각오가 되어 있는 그들의 흉중은 모든 세속과의 관계를 끊고 어떠한 고난인들 이겨나갈 결의가 넘쳤다. 일동의 표정은 숙연했다. 한동안 무거운 침묵이 깔렸다.

얼마 후 요리상이 운반되었다. 식탁을 대하고 축배를 들게 되자 한용운은 자진해서 다음과 같은 일장의 인사 연설을 했다.

우리는 조선 독립을 세계 만방에 엄숙하게 선포합니다. 우리는 기필코 민족의 독립을 쟁취할 것으로 믿습니다. 독립이 선포된 이상 우리는 최후의 일인까지 최후의 일각까지 싸워야

합니다. 이제 독립을 선언했으니 우리가 싸우다 쓰러져도 탓할 일은 없습니다. 보십시오! 국제 정세의 추이는 바야흐로 우리 민족에게 독립을 허용하지 아니하지는 않을 것입니다. 우리 민족은 그 동안의 간악한 일제의 철쇄鐵鎖를 풀고 자유 천지를 향해 궐기하려는 힘을 구축한 것입니다.

여러분, 지금 우리는 민족을 대표해서 한자리에 모여 독립을 선언했습니다. 기쁘기 한이 없습니다. 이제는 죽어도 한이 없습니다. 그러면 다 함께 독립 만세를 부릅시다!

간단하고 짧은 연설이지만 만해가 하고자 한 말의 전부였다.

유창한 연설이었다. 2시 정각이었다. 일동은 기립하여 그를 따라 엄숙하게 "조선 독립 만세!"를 삼창三唱했다.

이와 때를 같이하여 파고다공원에서 군중들이 독립 만세를 제창하는 소리가 천지를 진동시키는 듯했고, 태화관 건물까지도 그 만세 소리에 동요되었다.

그리하여 학생들은 각기 분대를 조직해서 시내 각처 중요한 구역으로 진출하여 "조선 독립 만세!"를 목이 터져라고 고창했다.

민족 대표들이 독립 만세를 삼창하고 축배를 들게 되자 명월관 주인은 그만 혼비백산해서 애원했다. 좌중에서는 주인에게,

"이 집 입장이 그토록 난처하다면 총독부에 전화를 걸어

이 사실을 고발해도 좋으니 알아서 하게!"

하고 명령했다. 일제의 보복에 희생됨을 막자는 충정衷情에서였다.

본래의 계획대로 이갑성李甲成은 세브란스 의전 학생인 서영환으로 하여금 총독부에 독립선언서를 전달케 해놓았고, 한편 종로 경찰서에도 인력거꾼으로 하여금 편지를 우체통 등에 넣게 하였다. 위급한 시각이 닥쳤다.

독립 만세의 절규는 온 시가에 번졌다. 서울 장안을 비롯하여 조선 팔도가 말 그대로 독립 만세로 흔들렸다. 당황한 일본 관헌들이 일제히 달려왔다. 정사복 순사와 헌병 7, 80명은 일제히 태화관을 에워쌌다.

민족 대표들은 조금도 동요하지 않고 태연자약했다.

그들을 지휘하던 일본인 경부가 최린을 불러냈다.

"형세가 여기까지 온 이상 가실 수밖에 없습니다."

"간다면 어디로 가?"

"경시 총감부까지는 가셔야 합니다."

"좋소. 그러나 우리가 걸어갈 수는 없으니 자동차를 준비해주시오."

민족지사들을 에워싼 그들은 어찌할 바를 몰라 했다.

만해는 일제의 경찰에 체포되기 직전 더욱 철저한 항일 정신을 다지기 위해 원칙을 세웠다.

그 자리에서 그는 세 가지 실천 목표를 생각하고 있었다. 그 3대 원칙이란 변호사를 대지 말고, 사식을 받지 말고, 보석을 신청하지 않는다는 것이었다.

실로 감옥의 역사가 생긴 이래 이런 죄인은 드문 일이었다.

"이 목숨은 이제 이 나라, 이 땅, 이 백성을 위해 다 바쳐야 한다."

이것이 그의 신념이었다.

30분이 지나서야 자동차가 현관에 닿았다. 한 대뿐이었다.

"차가 부족하여 한 대만 가져왔으니 1회에 세 분씩 타고 가셔야겠습니다."

일동은 순순히 자리에서 일어섰다. 3시가 넘어 4시 가까운 시간이 되어서야 손병희를 필두로 하여 그들은 태화관을 떠났다.

삼엄한 일경의 경비망을 뚫고 독립 만세 소리는 끊일 줄 몰랐다.

29명의 독립지사들이 세 명씩 차례로 연행되어 가는 마지막 차편에 한용운과 최린이 탔다. 이때가 오후 5시경이었다. 태화관 정문 밖을 나서자 학생들의 대열은 그때까지 길 좌우에 서서 모자를 벗어 흔들며 만세를 연창했다. 군중들은 목이 쉬어서 제대로 소리를 내지 못하였다.

그 광경을 본 만해와 최린은 감격하여 눈물을 금치 못했다. 종로 거리의 크고 작은 상점은 전부 폐쇄되어 있었고, 군대가 출동하여 전 시가를 계엄 지구로 삼았다.

남산 왜성대倭城臺의 경시 총감부에 이르는 동안 이런 일이 있었다.

만해는 자동차에 실려 좁은 골목을 지나게 되었다. 그때였다. 열두서너 살 되어 보이는 소학생 두 명이 그가 탄 자동차를 향하여 만세를 부르고 두 손을 들어 환호했다. 경찰의 제지로 개천에 떨어지면서도 만세를 계속하다가 마침내는 잡히게 되었다. 한 학생이 잡히는 것을 보고도 옆의 학생은 계속해서 만세를 절규했다. 그 정경을 지켜 보던 만해의 눈에는 눈물이 맺혔다. 그 눈물은 그의 일생을 두고 잊지 못할 상처로 남았다.

학생들은 계속하여 곳곳에서 목청껏 독립 만세를 외쳤다. 만세의 물결은 해가 지도록 술렁댔다. 민족 대표뿐 아니라 일경은 당일부터 애국 동포들을 무차별 투옥했고 혹독한 탄압을 계속했다.

경시 총감부는 헌병대 사령부로서 경찰의 총기관이었다. 몇 차례 취조를 마치고 난 민족 대표들은 4, 5일 뒤에 마포 경찰서를 거쳐 서대문 감옥으로 이송되었다.

불붙은 독립운동

역사에 길이 빛날 3월 1일의 민족 항쟁은 요원의 불길처럼 전국 각처를 누볐다. 이에 평화적 시위를 저지하는 일제의 탄압은 무자비했다.

민족 독립의 함성은 금수강산 전역을 진동하고 해외 멀리로도 메아리쳐 갔다. 이에 일제는 잔학성과 혹독한 고문으로 수많은 시위자들의 생명을 끊었고 혹은 불구자로 만들기도 했다.

민족적인 거사와 항쟁에 당황한 일제는 그 보복 조치 또한 야비할 정도였고 철저했다.

독립선언식이 거행된 명월관 지점 태화관과 선언문을 인쇄한 보성사는 모두 소각시켜 버렸다.

그들은 방화 혐의를 두려워하여 소방차를 출동하는 체했으나 급수 사정의 악화를 구실로 삼아 불난 데 부채질을 하는 격으로 일시에 잿더미가 되게 했다.

남산 왜성대의 경시 총감부에 구속된 민족 대표 29명은 그 날 밤부터 일제히 개별적인 취조를 받게 되었다. 태화관에 참석치 못했던 길선주·유여대·정춘수 세 사람은 지방에서 늦게 상경한 관계로 독립선언식에는 참석하지 못했으나 민족 대표 전원이 구속된 이야기를 듣고 각기 자수했다.

김병조만은 끝내 자수의 길을 택하지 않고 신의주를 거쳐 중국으로 탈출하는 데 성공했다. 그는 망명 독립지사로 뜻을 굽히지 않고 긴밀한 연락을 취하여 민족의 독립 전선을 펴나갔지만 배신자로 지목받기도 했다.

취조를 받게 된 민족 대표 32인은 담담한 심경으로 조사에 응하였다. 어느 것 하나 숨기려 들지 않았다. 서로의 책임을 전가하기는 고사하고 큰 책임을 맡은 동지를 떠받들어 마지않았다.

일본 경찰의 조사가 처음부터 심했던 것은 아니었으나 문초가 계속되는 동안 서양인과의 연락이라든가 해외 연락 관계의 일을 심문하면서 심한 혹형을 가했다.

이갑성은 가장 어린 나이로 선교사와의 관계와 학생과의 연락 관계로 심한 곤욕을 치렀고, 남강은 상해와의 연락, 선우혁鮮于爀과의 관련 때문에 고초를 당하였다.

그 밖의 인사들은 대체로 무사했다.

사건 전체에 대한 것은 처음부터 최린이 책임을 지고 진술하게 되었다. 그는 수사관 앞에서 공언했다.

"우리가 민족의 대표로 독립을 선언한 이상 조금도 비겁하게 숨길 것이 없다고 보오. 나는 이 사건의 전말을 사실 그대로 말하겠소."

만해 한용운 역시 그러했다. 최린은 동지들과의 첫 약속과 약간 달리, 독립 만세 운동의 동기와 계획을 실행한 사실, 그리고 관련 인물들을 하나도 빼지 않고 진술했다. 최남선 등을 보호해주기로 한 당초의 약속이 무너지자 선언서에 서명하지 않은 인사로서 운동의 모의와 추진에 주요 역할을 담당한 인사들이 계속 수사망에 걸려들었다.

현상윤·송진우·함태영·정노식·김도태·김세환·김지환·임규·안세환·최남선·박인호·노헌용·김홍규·이경섭·한병익 등 16명이 수배되었고, 피검됐다. 그래서 32명의 민족 대표와 16명을 합하여 48인의 민족지사를 3·1운동의 영예로운 꽃으로 우리는 숭상해왔다. 독립 시위 운동이 발발한 직후 며칠 동안, 서울에서 체포된 대부분의 시위 학생들은 방

면되고 그 나머지가 기소되었다. 피어린 항쟁으로 각처에서 수만의 희생자를 낸 것은 그 뒤의 일이었다.

독립운동 주동자들에 대한 취조는 쾌속으로 진행되어 3월 중순까지 검찰 조서가 작성되었고, 4월 상순에는 경성 지방 법원 예심계의 심문을 받기에 이르렀다. 비중이 그리 크지 않다고 여겨지는 인사들에 대해서도 4월까지는 경찰과 검찰의 취조가 대체로 끝나고 5월에는 예심에 돌려지는 형편이었다.

총감부에서 조서를 꾸며 서류가 작성되는 대로 검사국에 넘어가게 되어 서대문 감옥 미결수 감방에 들어가게 되었다. 검사국에서는 또다시 사실을 면밀히 조사하여 경성 지방법원에 고소를 제기했고, 지방법원에서는 사건의 중대성을 감안해 예심에 회부했다.

나가지마永島雄藏라는 일본인 예심 판사가 이 사건을 담당하여 전후 14만 장에 이르는 조서가 꾸며졌다. 예심 판사는,

"독립선언서의 발표로 전국 방방곡곡에서 소동이 일어났고, 강서江西·수원水原·수안遂安 등지에선 폭동까지 일어났으니, 이른바 3·1소요 사건은 내란죄에 해당된다"

고 했다. 취조는 10여 차례나 계속되었다.

한용운은 고집쟁이인데다가 만고萬古에 드문 굳센 신념의 소유자였다. 그의 확고부동한 의사를 꺾을 수 있는 이는 드물었다. 몇몇 사람을 제외하고는 민족 대표라 하더라도 처음 들어가 보는 감옥이라 다소 떨리지 않을 수 없었다.

그는 아주 다부지고 지독하였다. 여기에 심문 조서를 펼쳐 보이기로 한다.

"피고는 이 선언에서 기재된 취지에 찬성하는가?"

"그렇다."

"이 독립선언서를 인쇄 배포한 목적은?"

"그것은 조선 전반에 독립한다는 것을 알리자는 것이다."

"이런 선언서를 배포하면 어떠한 결과가 올 것이라고 생각하였는가?

"조선은 독립이 될 것이고 인민은 장차 독립국 국민이 될 것이라고 생각하였다."

"3월 1일을 기하여 조선 각지에 선언서를 배포하기 위해 사람을 보낸 일이 있는가?"

"나는 그런 일이 없으나 천도교·기독교에선 보낸다는 것을 최린·이승훈에게 들었다."

"피고들이 전 조선에 독립선언서를 배포함으로써 조선 독립이 될 줄로 알았다지만 일본 정부가 털끝만치도 귀를 기울이지 아니하는 때에도 조선 인민이 여하한 일을 할 줄로 생각하는가?"

"나는 일본 정부가 반드시 조선의 독립을 승인할 줄로 믿었다. 그러므로 승인이 안 될 때에 어찌한다는 것은 생각하지 않았다."

"피고 등 33인의 독립선언을 일본 정부가 승인하지 않을 것이라는 것은 명확하지 않는가?"

"캐나다·아일랜드·인도가 독립하므로 조선도 독립이 될 줄로 알았고, 세계에 제국이라고는 없을 줄로 생각하므로 일본은 반드시 조선 독립을 승인할 것으로 생각했다."

"피고 등이 독립선언서를 배포하는 것은 인민을 선동하여 다수의 사람으로 하여금 시위를 하게 하고 폭동을 일으키게 하는 데 목적이 있는 것이 아닌가?

"그런 목적은 아니다."

"이 선언서에는 최후의 일인, 최후의 일각까지라는 것이 있는데 그것은 폭동을 의미하는 것이 아닌가?"

"그런 것이 아니라, 그것은 조선 사람은 한 사람이 남더라도 독립운동을 하자는 것이다."

"그런데 인민이 피고 등의 선언서에 자극되어 관리에 대항할 것으로 생각하였는가?"

"나는 독립선언을 하면 일본은 반드시 승인할 줄로 믿어, 그런 생각은 아니 하였다."

"선언서에는 일체의 행동은 질서를 중히 하라 하였는데 그것은 폭동을 경계한 것인가?"

"그렇다."

"그런데 선언서를 보고 질서를 문란시키고 폭동을 일으킨 것이 있는데?"

"그런 말은 듣지 못하였다."

"피고는 금번 계획으로 처벌될 줄 모르는가?

"나는 내 나라를 세우는 데 힘을 다한 것이니 벌을 받을 리 없을 줄 안다."

"피고는 금후도 조선 독립운동을 할 것인가?"

"그렇다. 언제든지 그 마음을 고치지 않을 것이다. 만일 이 몸이 없어진다면 정신만이라도 영세토록 가지고 있을 것이다."

— 피고인 한용운

"언제든지 그 마음을 고치지 않을 것이다. 만일 몸이 없어진다면 정신만이라도 영세토록 가지고 있을 것이다."

이것은 그 후 그의 오랜 세월을 통한 불굴의 대일對日항쟁에서 여실히 실증되었다.

계속되는 고난

오랫동안의 심문에 시달리면서 만해는 초지일관하여 그의 뜻을 굽힘 없이 밝혔다. 일제는 48인들에게 내란죄의 가혹한 죄목으로 극형에 처하려는 잔인한 의도를 역력히 드러냈다.

만해는 경시 총감부와 지방법원 예심정에서, 또 계속하여 고등법원 특별재판부 예심정에서 전후 10여 회의 취조와 심문을 당하였다.

48인의 독립지사들에게 가장 날카로운 추궁을 한 대목은 독립운동 전개의 성격이었다. 독립운동 전개에 있어서 무력이나 폭동에 호소하여 공공의 안녕과 질서를 파괴하고 국권을 전복시키려는 의도가 아니었느냐는 추궁이었다.

만해는 확답했다.

"선언문의 문맥으로 보나 우리의 실제 행동으로 보나 질서 정연한 비폭력·무저항 운동이요, 평화적인 방법에 의한 독립운동의 전개였다고 자부하오."

그러나 일제는 이토록 명료한 답변에 아랑곳하지 않고 그들을 내란죄 혹은 선동죄로 몰아 독립운동의 횃불에 찬물을 끼얹으려고 광분했다.

특히 일제가 추궁한 핵심은 공약삼장의 두 번째 항목이었다.

"공약삼장을 피의자가 썼다는데?"

"그렇소. 육당의 초고를 더욱 강화하였소."

"공약삼장을 보면 '최후의 일인까지 최후의 일각까지'라는 문구가 나오는데 그것은 무엇을 의미하오?

"우리 민족은 최후의 1인, 최후의 1각까지 어디까지나 자주 독립의 의사를 가지고 있음을 말하는 것이오."

"그것이 군중의 난동과 소요를 지시하고, 그럼으로 해서 폭동을 예기한 것이 아니오?"

"그렇지 않소. 우리는 폭력을 배제한 평화적인 독립 운동을 거듭해서 호소해왔소."

"처음부터 그렇다고 보지는 않는데? 이것은 어디까지나

독립 의사를 발표할 것을 권하고 민족 전체의 분기奮起를 재촉한 것이 아니오?"

"우리 자신들도 단결하여 독립의 의사를 발표하고, 전 국민도 최후의 일각까지 독립 의사를 발표하라고 기초했을 뿐 다른 뜻은 없소."

재판은 처음부터 지방법원 예심에서 심리하게 되었다. 그러나 사건 내용이 내란죄에 해당된다는 예심의 결정에 의하여 고등법원 특별재판부에 송치되었다. 특별재판부 예심에서 이 사건의 심리를 맡았다.

"본건은 내란죄가 아니며, 보안법과 출판법 위반에 해당된다"는 판단 아래 사건은 다시 지방법원에 반송되었다.

다시 지방법원에서 공판이 개정되었지만 재판장 다치가와立川二郎의 공소 불수리 판결에 의하여 검사의 공소가 있었기 때문에 사건은 드디어 복심 법원에서 다루게 되었다. 재판장 쓰카하라塚原右太郎의 주심으로 여러 차례 재판이 속개되었고, 사건은 엎치락뒤치락을 거듭했다.

그런 어느 날이었다. 일본인들은 48인을 위협 공갈하기 위하여 일부러 엄포를 놓았다.

"아무래도 국가 반란죄나 내란죄는 면치 못하게 된다는구려."

일부 인사들은 사시나무 떨 듯하였다. 몇몇 간부급들은 태연하였지만 실상은 거의 다 걱정스러웠고 모두 공포에 질려 있었다. 왜냐하면 국가 반란죄나 내란죄의 최고 형량은 대개가 사형 아니면 무기였기 때문이다. 감방 안이 갑자기 술렁거리며 공포에 잠겨 있는 꼴을 보자, 만해는 변기便器를 들어 그들에게 덮어씌웠다.

"이 천하에 더러운 놈들아! 이 똥값에도 대하지 못할 위인 같으니라구. 너희들이 민족과 나라를 위한다는 놈들이냐? 예끼, 더러운 것들! 이 똥물도 아깝다!"

이러한 것이 만해의 옥중 행장이었다. 옥리들은 처음엔 만해를 얕잡아 보다가 나중엔 고집불통, 옹고집으로 돌려 함부로 상대하기를 피했다. 그는 하루 종일 면벽관심面壁觀心하고 있었다. 이미 그는 선지禪旨를 깊이 터득하고 있었다. 그는 감옥을 하나의 수선장修禪場으로 삼았다. 말하자면 달마선사達磨禪師였다.

찌는 듯한 더위가 계속되는 그해 7월 10일이었다. 검사와의 열띤 논쟁이 고비에 달해 있을 때였는데 그는 기미己未 독립운동에 대한 옥중 답변서를 기초하여 제출했다. 변기통이 부글부글 끓어오르고 비지땀이 개기름처럼 휘감아 흐르는 무더위 속에서였다. 단 한 권의 참고 서적도 없이 만해는 민족 독립의 사상적 근거를 제시했다.

과연 조선 독립운동에 관한 개요로 옥중에서 작성한 〈조선 독립 이유서〉만으로도 독립 항쟁 사상 그가 불멸의 존재임을 우리는 알 수 있다. 민족 독립 사상의 진수는 이 글 중 다음과 같이 쓴 것으로 집약된다.

자유는 만물의 생명이요, 평화는 인생의 행복이다. 그러므로 자유가 없는 사람은 시체와 같고, 평화가 없는 사람은 가장 고통스럽다.

법정에 선 만해

1920년 7월 12일 오전 9시, '48인 사건'에 대한 첫 공판이 열렸다. 경성 지방법원 특별법정에서였다.

주석 판사에 다치가와立川, 배석 판사에 다자이太宰明, 검사에 사카이境였다.

3월 1일 검거되어 열여섯 달 열이틀 만에 독립지사들이 한자리에 모여앉게 된 것이었다. 나흘 동안이나 인정 심문人定訊問이 계속되었다.

이튿째 되는 날은 일반의 방청이 금지된 채 최린·권동진·오세창·최남선의 진술이 있었다. 다음날은 이승훈·함태영·양전백·이명룡·유여대 등에 대한 심문이 있었다.

개정 닷새 만인 7월 16일 변호인 허헌許憲이 재판장에게 공소 불수리 신청을 냈다.

이 문제는 1주일을 끌다가,

"공소 불수리 신청이 정당하므로 지방법원에서는 이 사건을 수리하지 않는다"

라고 다치가와가 판결을 했다.

그러나 검사국에서는 다시 복심 법원에 공소를 제기했다.

그로부터 두 달 후인 9월 20일 공판이 개정開廷되었다. 재판장은 쓰카하라 판사였다.

손병희를 위시한 천도교 대표들에 대한 심문으로부터 시작되었다. 둘째 날엔 기독교 대표, 셋째 날엔 불교측 대표의 심문이 계속되었다. 9월 22일이었다.

만해는 재판장 앞에 섰다. 그는 마치 재판장을 꾸짖듯이,

"우리는 마땅히 해야 할 일을 했을 뿐이오. 그대들이 이 나라에 와서 우리를 죄인으로 다루다니, 천부당만부당한 일이오!"

라고 의연하게 말했다.

"피고는 금후에도 이 운동을 계속할 것입니까?"

"물론이오, 내 목숨이 끊어진다 해도 계속할 것이오. 일본에 월조月照가 있듯이 조선에 한용운이 있다 해서 무슨 잘못이리까!"

월조는 전 일본인이 존경하는 고승이었다.

"이러한 운동을 주동하면 처벌받는다는 건 잘 아시겠죠?"

"제 나라를 찾겠다는 운동에 벌을 받다니, 그게 될 법이나 한 일이오? 내 육신이 죽는다 해도 정신은 살아 남아 민족운동을 계속하겠소!"

만해는 굽힐 줄을 몰랐다. 그는 추상같이 말했다. 재판정이 숙연해졌다. 쓰카하라 판사마저 입을 열지 못했다. 침묵이 흘렀다.

"마지막으로 할말 있으면 더 하시오."

쓰카하라가 말했다.

만해는 천천히 판사와 검사를 훑어보았다. 그러고는 입을
열었다.

"재덕부재험在德不在險이니, 예로부터 통치란 덕에 있는 것
이오. 주중지인개적국舟中之人皆敵國이오. 내가 독립운동을 하
는 것은 총독 정치의 압제가 싫어서가 아니오. 당신들이 선
정善政을 베푼다 해도 역시 마찬가지요. 압제도 선정도 싫
소! 4천 년 역사를 가진 조선 민족이 이제 와서 남의 나라
노예가 되어야 할 이유가 어디 있단 말이오! 더 이상 말도
하기 싫소. 검사 앞으로 보낸 〈조선 독립 이유서〉를 참조하
시오."

재판은 전국적인 규모로 진행되었다. 공소 진행을 위한 서
류만도 1만 8천여 장에 달하였다.

1920년 10월 30일 오전 10시 언도공판言渡公判이 열렸다.
경성 복심법원 특별법정에는 쓰카하라 주심, 아라이·스기
우라 배심과 검사가 나와 앉았다. 재판의 개정 선언에 이어
감사의 논고가 있었고 곧 판결문이 낭독되었다.

만해는 주동자의 한 사람으로 지목되었다. 그는 거족적인
민족 운동으로 청사에 길이 남을 업적을 이루었다. 3·1운동
에 있어서 만해의 활동과 움직임은 전 민족뿐 아니라 민족
지사들의 사표가 될 만하였다. 그의 민족 사상은 최고조에
달해 있었다.

기미 운동으로 인하여 그는 의암·고우·남강 등과 함께 법

정에서 최고의 형량인 3년 징역을 선고받았다. 3·1독립선언
사건에 대한 판결문을 보면 우리는 만해가 얼마나 이에 주
도적 역할을 하였는가 알 수 있다.

판결문

한용운韓龍雲 :

불교측의 유력한 자로서 독립선언서의 분포를 담당하여
경성 시내에 약 3천 매를 배포하였으며, 3월 1일 명월관에서
독립선언식을 할 때 우리가 무사히 독립선언을 발표함은 지
극히 경하할 바이며 독립을 위하여 더욱 노력함을 바란다는
연설을 하고 독립 만세를 선창한 자다.

이리하여 1년 8개월 만에 확정 판결이 나게 되었다.
한편 불교계 다른 대표는 모든 책임을 만해에게만 미루는
법정 진술을 하여 너무도 대조적이었다.
그동안 일제는 만해로부터 굴복서나 참회서를 한 통도 받
아내지 못했다.

1920년 9월 25일자 《동아일보》에 실린 공판 기록은 지금
도 우리의 심금을 울려주고 있다. 그는 재판장의 심문에 다
음과 같이 답변했다.

동서고금을 막론하고 국가의 흥망은 일조일석에 되는 것이 아니오. 어떠한 나라든지 제가 스스로 망하는 것이지 남의 나라가 남의 나라를 망하게 할 수는 없는 것이오. 우리나라가 수백 년 동안 부패한 정치와, 조선 민중이 현대 문명에 뒤떨어진 것이 합하여 망국의 원인이 된 것이오. 원래 이 세상에 개인과 국가를 막론하고 개인도 자존심이 있고 국가도 국가의 자존심이 있으니 자존심이 있는 민족은 남의 나라의 간섭을 절대로 받지 아니하오. 금번의 독립운동이 총독 정치의 압박으로 생긴 것인 줄 알지 말고 자존심이 있는 민족은 남의 압박만 받지 아니하고자 할 뿐만 아니라 그 말을 다하자면 심히 장황하므로 이곳에서 다 말할 수 없는 바이오.

이 답변은 신문을 통하여 당시 식자층과 학생층에게 많은 감명을 주었다.

만해는 서대문 형무소에 투옥당했다. 모진 옥고를 치렀다. 그러나 만해는 고통스러워하지 않았다. 그에게는 나라를 빼앗긴 치욕과 울분을 능가할 고통이란 없었다. 그는 끊임없이 일본의 침략주의를 규탄했다.

간수들은 만해를 핍박했다. 간수 부장 앞에서 머리를 숙이지 않는다는 이유에서였다. 틈만 나면 간수들이 모여서 만해를 괴롭혔다. 그러나 간수 부장에 대한 만해의 태도는 여전했다. 육체적 고통으로 만해를 굴복시킨다는 생각은 차라리 어리석었다.

"저놈은 독종이야."

"지독한 중놈이군."

"흉악한 조선 중놈의 오야붕이라네."

간수들끼리 모여 떠들었다.

만해의 옥바라지는 그의 상좌 이춘성李春城이 했다. 춘성 스님은 스승 앞에 큰 죄인이나 다름없었지만 결코 문제될 것은 없었다. 만해는 늘 건장한 모습으로 면회 오는 제자 앞에 섰다. 만해는 선사禪師였다.

그는 밤낮을 가리지 않고 좌선坐禪을 했다. 그는 활불活佛처럼 싱그러웠다. 철창 밖으로 내다보이는 달을 보며 그는 부처를 생각하고 조국과 민족을 생각했으며 '님'의 세계를 묵상했다. 그리고 그는 시를 읊조리기도 했다. 자유가 그리운 나날, 그는 침묵의 참맛을 알았다. 비로소 님의 침묵을 익혔다. 하지만 2천 만의 중생 전체가 일제 식민 치하라는 거대한 감옥에 갇혀 있는 시절이고 보면 독방 생활은 작은 극락이라는 생각이 들기까지 했다.

복역 중 만해는 법정에서 말로 다할 수 없는 진술을 〈조선 독립 이유서〉라는 글로 썼다. 그러나 원래 이 글은 일제 치하에서는 대표적인 불온 문서인 까닭에 세상 밖으로 내보낼 성질의 것이 아니었다. 겨우 상해《독립신문》에나 반영되었을 뿐 오래고 오랜 시련을 거쳐 만해의 대문장 〈조선 독립 이유서〉가 햇빛을 본 것은 우리나라가 광복된 뒤였다. 그 글의 주인은 이미 열반에 든 지 1년이 훨씬 지나서였다.

만해의 그 명문은 어느 한 사람의 것이 아니라 오늘날 5천만 민족 전부의 것이다. 우리는 오늘도 〈조선 독립 이유서〉를 필요로 하는 시대에 살고 있다.

1922년 3월. 빼앗긴 들에도 봄은 왔다.

만해가 만기滿期 출옥을 하는 날이었다. 감옥 밖에는 사회 유지급 인사들이 마당이 좁다 하고 꽉 차 있었다. 자유의 몸이 된 만해를 맞이하러 온 얼굴들이었다. 만해는 그다지 너그럽게 그들을 대할 수 없었다. 둘러보면 모두가 아는 사람들이었으나 또한 거의가 약삭빠른 사람들이었다.

"부탁대로 이번 독립운동에 가담하지요"

라고 말했을 때 이 핑계 저 핑계를 대고 빠져나간 사람들이 태반이었다. 개중에는 서명을 하기로 약속까지 해놓고 목숨이 아까워 꽁무니를 빼던 위인들도 있었다.

만해는 심한 모욕을 느꼈다. 그는 자기를 맞이하러 온 인파의 호의를 받아들일 수가 없었다

"여보게들, 내 인사 좀 받으려나? 내 인사를⋯⋯."

그는 침을 탁 뱉었다. 보기 싫은 비겁한 이중인격자들을 향하여 쉬지 않고 침을 뱉었다.

"그대들이 이렇게 나를 마중할 줄은 아는 모양인데 오늘은 내 인사를 받게나. 여보게들 왜 내 인사를 받을 줄 몰라? 내 인사 좀 받아 봐!"

3·1운동이 일어난 얼마 뒤 운양 김윤식이 그 전에 일제가 준 남작의 작위를 반납한 일이 있었다. 이것은 독립운동의

여운이 감도는 당시에 취해진 민족적인 반성이었다. 우연의 일치랄까, 연쇄 반응이랄까, 이 일이 있은 뒤 우리나라를 동방의 등불이라고 노래한 바 있는 인도의 시인 타고르가 영국에서 받았던 작위를 반납하였다. 이것은 간디의 무저항주의적인 반영反英 운동의 자극을 받은 때문이었다. 이 소식을 전해 들은 만해는, "인도에도 김윤식이 있었구나" 하는 묘한 비판을 했다.

출옥 후의 활동

치열한 반항아 만해는 요지부동의 자세였다. 태산이 무너진다 해도 만해는 흔들릴 수 없었다. 옥고를 치르면서도 일본이 멸망할 것을 내다본 그로서는 출옥 후 세태 인심의 변화에 적잖이 놀랐다.

민족혼은 소멸되어 가는 듯했다. 그래서 그는 출옥한 얼마 뒤 5월에는 청중 앞에 나서서 꺼져 가는 민족혼에 대하여 열변을 토해냈다. 앉아서 보고만 있을 수는 없었다. 혼자서 통탄하고만 있을 수가 없었다.

만해 한용운 이전에도 물론 이 땅에 웅변가가 없었던 것은 아니다. 근대적인 첫 웅변가는 서재필이다.

문장가이면서 웅변을 겸한다는 것이 대단히 어려운 일이 아닐 수 없는데, 만해는 타고난 철성鐵聲에 논리정연한 웅변술을 가지고 있었다. 그의 해박한 지식과 광범한 섭렵涉獵

과 총명한 기억력은 웅변가로서의 기초적 조건으로 충분하였다. 그 위에다 그는 그칠 줄 모르는 투지와 영원한 민족적 신념을 품고 있었다.

그가 한번 강당에 서면 능변가 도산 안창호를 연상시켰다. 만해는 비창悲愴하게 울부짖었다. 그 통곡의 심도深度에 있어서 누구보다도 절실한 감명을 주었다.

만해가 자주 선 연단은 기독교 청년회관이었다. 이 때는 소위 사이토 총독의 문화 정치 표방 때문에 이 나라에 다소의 언론 자유가 허용되었던 시대였다.

만해는 울분과 장한長恨을 이따금 이곳에서 토로하였다. 모이는 청년들은 만해의 열변과 웅변에 도취되어 무아無我의 경지로 이끌려 갔고, 그리하여 거의 자아를 망각할 지경이었다.

한번은 어떻게 한 웅변이었던지 이를 감시차 와 있던 임석 경관이 제 직분도 잊어버리고, 군중과 함께 휩쓸려 들어 무의식중에 박수를 치고는 흠칫 놀라기도 했다. 실로 어처구니없는 일이었지만 만해의 웅변술을 가히 짐작할 만하다.

만해의 강연이 있다고 하면 으레 기독교 청년회관은 초만원을 이루었다. 몇 시간씩 미리 와서 기다리는 사람도 있었다. 그의 철석 같은 민족혼과 뜨거운 조국애, 그리고 부동不動의 인격과 대해大海와 같은 불교 철학이 그로 하여금 그와 같은 인기를 불러일으키게 했다.

만해의 시문과 문장은 신비스러운 데가 있었다. 하지만

그의 웅변은 조리가 너무도 정연했다. 허점이란 있을 수가 없었다. 그의 웅변은 불타는 민족혼의 절규였다.

기미 독립 만세가 있은 지 3년이라는 기간이 지난 후 청중 앞에 나선 만해는 여전히 늠름했다.

첫 강연이 조선 불교 청년회 주최로 기독교 청년회관에서 개최되었다. 출감 이후 최초의 강연회에 초청받은 연사는 만해뿐이었다. 그 날의 연제는 '철창철학鐵窓哲學'이었다.

강연회장은 청중들로 초만원을 이루었다. 문밖까지 사람의 물결로 성황을 이루었다. 만해는 종횡무진한 열변으로 장내의 분위기를 제압했다. 그의 청중을 감동케 하는 이 날의 연설은 무려 두 시간 동안 계속되었다.

"개성 송악산에서 흐르는 물이 만월대滿月臺의 티끌은 씻어 가도 선죽교善竹橋의 피는 못 씻으며, 진주 남강南江의 흐르는 물이 촉석루矗石樓 먼지는 씻어 가도 의암義岩에 서려 있는 논개論介의 이름은 씻지 못합니다."

이렇게 만해는 강연을 끝냈다. 박수와 환성으로 장내가 떠나갈 듯했다. 그 자리에 참석했던 임검 미와三輪 경보부까지도 박수를 쳤다.

만해가 치른 3년의 옥고獄苦는 선죽교의 피나 논개의 얼을 기리게 했으며, 그로 하여금 충절忠節의 시범에 앞장서게 했다.

이로부터 몇 달 뒤인 그해 가을, 천도교 기념관에서 도쿄 유학생 주최로 종교 강연이 있었다.

천도교측에서 최린, 기독교측에서 김필수 목사가 나왔고 불교 대표로 만해가 참석했다.

최린의 연설이 끝나고 만해가 연단에 올랐다. 연제는 '육바라밀六波羅蜜'이었다. 육바라밀이란 보시布施·지계持戒·인욕忍辱·정진精進·선정禪定·지혜智慧 등을 말한다. 선교禪敎의 이론을 통하여 열렬한 독립 정신을 고취鼓吹하자는 데 뜻이 있는 강연이었다. 청중의 열광은 극치에 달했다. 강연을 마친 만해는 손을 들어 원을 그리고 주먹을 쥐어 그린 원에 점을 찍어 보였다. 그리고 그는 하단下壇했다.

이듬해 1923년 그의 나이 마흔다섯이 되었다. 만해는 조선 물산 장려 운동을 적극 지원하고, 민립대학民立大學 설립 운동을 추진해 나갔다.

1926년이었다. 6·10만세 운동에 앞서 6월 7일, 그는 일시 예비 검속되었다가 풀려나기도 했다.

민족 단일 노선과 협동 전선을 표방한 신간회新幹會의 창립 운동은 1927년 1월 19일 창립 발기인과 선언 강령이 발표됨으로써 구체화되었다. 그 발기인은 신석우申錫雨·안재홍安在鴻·김준연金俊淵·이관용李灌鎔·문일평文一平·한용운韓龍雲·홍명희洪命熹·조만식曺晩植·신채호申采浩·백관수白寬洙·권동진權東鎭·이갑성李甲成·유억겸兪億兼·이상재李商在·이승복李昇馥·한기악韓基岳 등 34인이었다. 2월 15일 창립 총회에는 회원 400명 중 200여 명과 많은 방청객들이 참석한 가운데 중앙 기독교 청년회관에서 개최되었다. 그 자리에서는

① 우리는 정치적·경제적 각성을 촉구함

② 우리는 단결을 공고히 함

③ 우리는 기회주의를 일체 부인함

으로 된 강령이 채택되었다. 임원 선거에 들어가 신간회 회장에 이상재, 부회장에 권동진이 선출되었고, 간사회가 구성되었다.

만해는 신간회 발기인의 한 사람으로 중앙 집행 위원이 되었으며 6월 10일에 서울 지회가 설치되면서 회장으로 추대되었다. 신간회 서울 지회 부회장에는 허헌, 간사는 이원혁 등 25명이었다. 신간회의 조직은 날로 확대되고, 대일항쟁의 규모도 만만찮게 되자 일제 당국은 탄압을 가하기 시작하여 결국에는 해산되지 않을 수 없었지만, 1920년대 후반의 민족운동 단체로서 민족 정신의 고취에 큰 영향을 미쳤다.

1929년 11월 광주 학생 항일 운동이 폭발하자 신간회는 그 진상을 규명하고자 현지에 조사단을 파견했다. 김병로 金炳魯·이인李仁 등은 민중 항쟁의 진상을 파악하고 돌아와 100여 명의 구속 학생을 석방하라고 당국에 엄중 항의했다. 그러나 아무런 반응도 없자 '광주 실정 보고 대회'를 열고 그 부당성을 규탄하려 했다.

민중대회는 1929년 12월 13일로 정해졌다. 한용운은 송진우·권동진·조병옥·허헌·홍명희·이관용·이원혁·이관구 등과 함께 민중 선언서를 발표하고, 일제의 식민 정책을 비난하고 규탄하는 범국민적인 민중대회를 계획했다. 신간회 본부에서 한용운·권동진 등 간부 7, 8명이 모여 민중대회를 기하여 전국적인 항쟁을 전개하기로 결의했다.

12월에는 서울 시내에서도 계속 학생 시위가 일어나고 있었는데, 민중대회 개최를 앞둔 8시간 전에 신간회 본부는 일경에 의해 포위되었다. 이 날 조병옥·권동진·홍명희·허헌·이관용·한용운 등 44명의 신간회 간부와 근우회權友會 관계자까지 모두 47명이 구속되었고, 이 가운데 조병옥·김무삼·이관용·허헌·홍명희·이원혁 등은 실형 선고를 받고 복역 중 이듬해 2월에야 가출옥 석방되었다.

당시 민중대회 사건을 변호했던 이인李仁의 일화가 있다.

하루는 형무소에 면회를 갔는데 홍명희가 두 손으로 낯을 가리고 나왔다.

"여보 애산愛山, 학생들 보기가 부끄러워 그러오. 우리가 무슨 일을 한 것도 없는데 변호가 다 뭐요."

"그러기에 미수범이라는 것 아니오. 벽초, 일을 하고자 한 그 정신만은 학생들 모두가 알고 있으니 낙심은 마오."

민중대회 사건으로 이들이 형을 살고 출옥한 뒤 안국동 선학원禪學院으로 만해를 찾아갔을 때였다. 점심을 같이하게 되었는데 만해가 이인에게 말하였다.

"원, 세상에 《육법전서》를 읽어 가며 독립운동하는 꼴은 처음 보았네."

"만해, 무슨 일이십니까?"

"한번 들어 보오, 애산. 동지들이 모두 경기도 경찰부 유치장에 갇혀 있을 때인데 긍인兢人 허헌은 《육법전서》를 차입시켜 열심히 읽더군그래. 감방 동지들에게 하는 말이 '우리가 한 일은 아무리 보아도 경범죄밖에 안 되네. 그러니 고작 구류 아니면 과료에 해당될 뿐이오' 합디다. 그래, 우리가 독립을 위해서 저들과 싸우는 마당에 죄의 경중을 따져서 무엇하겠소? 그 생각을 하니 어찌나 화가 나던지 앞에 있는 목침을 들어 한 대 쳐주고 싶더군."

그때의 분이 덜 풀려서 변호사를 붙들고 말을 하는 만해였다. 법률가로서 《육법전서》를 펼쳐 든 긍인이나, 그 옆에서 화가 치밀어 흥분한 만해를 생각할 때, 실로 웃음을 참기 어려운 애산이었다. 한창 썹던 상추쌈이 밖으로 튀어나와 그만 만해의 얼굴에까지 덮어씌우게 되었다는 후일담이다. 원로 법조인 이인웅은 그런 만해를 몹시 그리워하며 만년에 실토하였다.

"만해는 고고한 맛이 풍기면서도 쇠로 뭉쳐진 분이었소. 나는 그와 무관하게 지내면서 더러 싸우기도 했지만, 대의에 불타고, 불의에 항거하는 일은 언제나 앞장섰소. 너무 고담하여 근접하기 어려운 면도 없지 않으나, 온정과 인간미가 넘쳤습니다. 지금은 그를 따를 사람이 없어요. 지금 그가 살아 있다면 여러 면으로 경종을 울리면서 하나의 청량제가 될 텐데……."

4. 뛰어난 문학가

훌륭한 시인의 자질

서당 시절부터 한시漢詩를 수업한 만해는 민족 투사로서 3·1운동에 뛰어들어 옥고를 치르면서 한국 근대 시성詩聖다운 체질을 형성해 간다. 그의 시작詩作은 세련된 우리 말로 심원하고도 오묘한 세계를 탁월한 비유로 노래한다.

불교적 세계관을 바탕으로 뜨거운 민족얼을 담은 사랑의 시편詩篇들은 님에의 송가頌歌 아닌 것이 없고, 자유와 평화에의 목마른 영가靈歌 아닌 것이 별로 없다. 만해는 한 그루 나무가 자라듯이 암흑 시대에 고통을 심호흡하면서 자유 의지를 키운다. 그는 자유라는 이름의 나무로 침묵을 비료로 삼아 자란다. 결국 민족의 송가를 이루며, 침묵 시대의 흑진주가 알알이 반짝이고 있음을 그의 시에서 보게 된다.

　달아 달아 밝은 달아
　옛나라에 비춘 달아
　쇠창을 넘어와서
　나의 마음 비춘 달아

계수나무 버혀내고
무궁화를 심으과저.

달아 달아 밝은 달아
님의 거울 비춘 달아
쇠창을 넘어와서
나의 품에 안긴 달아
이지러짐 있을 때에
사랑으로 도우과저.

달아 달아 밝은 달아
가이없이 비춘 달아
쇠창을 넘어와서
나의 넋을 쏘는 달아
구름재(嶺)를 넘어가서
너의 빛을 따르과저.

— 옥중시 〈무궁화 심으과저〉 전문

　여기에서 이미 한용운은 우리 근대 문학사상 한 시성詩
聖의 자리에 오르기 시작한다. 그의 마음에는 무궁화, 품
에는 사랑, 그리고 넋에는 빛으로 채워진다. 여기에 처음으
로 '님'이란 말도 등장한다. 200여 편의 시, 30여 편의 시조,

160여 편의 한시 모두가 님의 마음과 사랑과 빛으로 충만되어 있다.

이에 앞서 깊은 산사에서 법열法悅의 경지를 헤매던 만해가 서울로 향하여 설악산을 내려오기는 1918년이었다. 1917년 겨울 설악산 오세암에서 진리를 터득하고 속세에 내려온 만해는 계동 막바지 문간방에 거처를 정한 다음 《유심》이라는 월간 교양지를 발간하기 시작했다. 1918년 9월에 창간을 보아 획기적인 새로운 문화운동을 전개한다.

배를 띄우는 흐름은 그 근원이 멀도다. 송이 큰 꽃나무는 그 뿌리가 깊도다.

가벼이 날으는 떨어진 잎새야, 가을 바람이 굳셈이랴

서리 아래에 푸르다고 구태여 묻지 마라. 그 대(竹)의 가운데는 무슨 걸림도 없느니라.

미美의 음音보다도 묘妙한 소리 거친 물길에 돛대가 낳다. 보느냐. 샛별 같은 너의 눈으로 천만千萬의 장애를 타파하고 대양大洋에 도착하는 득의得意의 파波를.

보이리라. 우주宇宙의 신비神秘.

들리리라. 만유萬有의 묘음妙音.

가자. 가자. 사막沙漠도 아닌, 빙해氷海도 아닌, 우리의 고원故園. 아니 가면 뉘라서 보랴.

한 송이, 두 송이 피는 매화梅花.

— 〈처음에 씀〉

《유심》지 창간호에 산문시散文詩 형태의 글을 처음으로 발표한 만해였다. 한편 같은 호에 아래와 같은 자유시 한 편이 보인다.

심心은 심心이니라.

심心만 심心이 아니라 비심非心도 심心이니 심외心外에 물物도 무無하니라.

생生도 심心이요, 사死도 심心이니라.

무궁화도 심心이요, 장미화도 심心이니라.

호한好漢도 심心이요, 천장부賤丈夫도 심心이니라.

신루蜃樓도 심心이요, 공화空華도 심心이니라.

물질계物質界도 심心이요, 무형계無形界도 심心이니라.

공간空間도 심心이요, 시간時間도 심心이니라.

심心이 생生하면 만유萬有가 기起하고, 심心이 식息하면 일공一空도 무無하니라.

심心은 물物의 실재實在요, 유有의 진공眞空이니라.

심心은 인人에게 누淚도 여與하고, 소笑도 여與하느니라.

심心의 허墟에는 천당天堂의 동량棟樑도 유有하고, 지옥地獄의 기초도 유有하느니라.

심心의 야野에는 성공成功의 송덕비頌德碑도 입立하고 퇴패退敗의 기념품記念品도 진열陳列하느니라.

심心은 자연전쟁自然戰爭의 총사령관總司令官이며, 강화사講和使니라.

금강산金剛山의 산봉山峰에는 어하魚蝦의 화석化石이 유유하有有하고, 대서양大西洋의 해저海底에는 분화구噴火口가 유유하有有하니라.

심심心은 하시何時라도 하사하물何事何物이라도 심자체心自體뿐이니라.

심심心은 절대絶對며 자유自由의 만능萬能이니라.

— 〈심심心〉 전문

비록 한자투가 가셔지지 않고 있다 하더라도 근대 자유시로서 동인지 《창조創造》에 발표된 주요한朱耀翰의 〈불노리〉보다 1년 먼저 발표되었다.

만해는 3·1운동의 한 주역으로 3년간의 옥고를 치르는 동안 많은 한시를 계속해 쓰는 한편, 〈무궁화 심으과저〉 같은 작품을 쓴 것은 일대 진경進境이 아닐 수 없다.

만해의 시 작품은 〈처음에 씀〉에서 보인 매화 동산이다. 그의 마음속엔 매화의 향기로 가득 차 있다. 더욱이 그는 매화 향기 그윽한 정원을 가꾸는 원정園丁으로서 인도印度의 처사 유마힐維摩詰의 길을 걷는다. 한용운에게는 유마힐의 모습이 뚜렷하다. 유마힐은 인도의 현자賢者요, 거사居士로 세속 생활에 일관하는 보살행菩薩行의 큰 실천자였다. 만해의 한시 중 〈매화 지는 모습의 느낌〔觀落梅有感〕〉을 보면 유마힐로 자처自處한 구절이 나온다.

우주의 위대한
조화 있어
절 가득히 지난날처럼
매화 폈어요.

머리 돌려 삼생三生의 일을
묻고자 하는데
한가을 유마힐의 집에
절반은 꽃이 졌어요.

宇宙百年大活計
寒梅依舊滿禪家
回頭欲問三生事
一秋維摩半落花

　1933년 그의 나이 쉰다섯 살부터 만해는 〈유마힐소설경강
의維摩詰所說經講義〉를 번역하기 시작하여 완성하지 못한 채
유고로 남긴 일이 있다. 대승불교의 묘리를 갈파한 이《유마
경維摩經》이야말로 불가사의 해탈의 경지를 설명해준다. 이
미 1914년에 간행된《불교대전》에도《유마경》이 많이 인용
되고 있지만 유마힐은 인류의 이상을 대표하는 사람이다.
인간의 완성이란 개인의 완성으로만 생각할 수 없고, 사회
적 구제로써 비로소 가능해진다. 개인의 완성은 인류의 완

성을 돕는 데 필요하고, 또한 인류의 완성에 대한 착안이 없이는 개인의 완성도 불가능하게 된다.

유마힐의 사회적 정화淨化를 통한 성불成佛의 포부는 바로 한용운의 과제였다. 유마힐의 사상인 중생 구제의 이념은 만해의 많은 저서에서 기본적 핵심이 될 뿐만 아니라 격조 높은 유마힐의 게문偈文은 그대로 시집《님의 침묵》의 미학으로 발전하게 된다.

한용운의《불교대전》
각 경전의 명구와 요점만을 발췌하여 간행한 한용운의 대표 명저(1914년 범어사 간행).

설법회說法會에서 어느 보살이 유마힐에게 묻기를,

"거사여, 당신의 부모와 처자와 권족眷族은 누군가요?"

한다. 이에 유마 거사는 대답한다.

"피안彼岸에 이르는 길은 어머니이고, 방편은 아버지이며, 법열은 아내이고, 자비의 마음은 딸이며, 선심 성실善心誠實은 아들이니, 공적청정空寂淸淨이 내 가정이라오."

이러한 화법話法의 묘미는 한용운의 시 작품을 이루는 바탕이 된다. 유마 거사의 실덕實德과 권능權能을 믿고 실천하며, 보살의 정토행淨土行을 추구한 만해로서는 대승大乘의 묘리를 설파하는 데 있어서 유창한 시어詩語의 문맥을 선택한 셈이다.

중생이 병들면 보살도 병들고, 중생의 병이 나으면 보살도 또한 낳는다. 중생을 제도함이 보살행이며, 모든 해탈은 마땅히 일체 중생의 심행心行 가운데서 체득된다. 만해의 님은 일체 중생의 마음을 뜻하므로 조국과 민족이 그 실체라 할 수밖에 없다.

문학도 중생과 더불어

중생의 마음속에는 헤아릴 수 없이 많은 세계와 삼라만상이 갖추어져 있다. 중생의 마음이 곧 보살의 정토淨土라 할 때 만해의 시 세계는 팔만대장경의 세계라 하여도 지나친 말이 아니다. 그리고 모든 것을 초탈하여 고요하면서도 항상 작용하는 진여眞如의 경지에 한용운은 도달한다. 그래서 만법萬法의 진리는 사랑에 귀일歸一하게 마련이다. 진정한 자아를 시로써 추구하여 달성한 만해였다. 그런데 마음과 부처와 중생이 셋이면서 기실은 하나이며, 세상에 한 중생이라도 성불成佛하지 못하면 참된 생명은 불가능하다. 만해의 작품은 종교이자 철학인 그러한 불교의 심오한 세계를 폭넓게 담고 있다. 또한 불교는 평등주의와 구세주의救世主義로 압축된다.

근대의 자유주의와 세계주의는 불교의 평등한 진리에서 나온 것임을 만해는 《조선불교유신론》에서 밝힌 바 있다. 평등과 자유의 이념은 불교의 진리이며, 구세주의 또한 애타愛他주의의 불교적 특성이다.

어찌 세상을 구제하지 않고 천추千秋에 걸려 꽃다운 향기를
끼치는 이가 있으랴.

―《조선불교유신론》에서

한용운의 작품이 풍기는 향기는 중생 구제의 몸부림에서
온다. 그리고 그의 침묵은 유마 거사의 묵묵부답默默不答 그
것이기도 하다. 불이법문不二法門을 토론하는 자리에서 문수
文殊 보살이,

"그것은 언어를 떠난 경지이겠죠. 그러면 유마 거사의 생
각은 어떠십니까?"
하고 반문할 때, 유마는 다만 묵묵히 불멸의 진리가 언어를
떠난 경지임을 암시한다. 한용운의 시 세계는 언어를 넘어
서 있다. 침묵의 진리로 그는 시를 쓴다. 그것도 님이 침묵
하는 시대에 침묵의 소리로 중생의 마음을 휘어잡는다. '날
로 새롭게 자기를 향상시켜 지옥까지도 장엄하게 꾸미고자'
만해는 세상 돌아가기를 기다리는 게 아니라 '오직 시대의
대세를 만드는 뜻있는' 사람으로 진취進取의 기상에 지표를
둔다.

사실《조선불교유신론》에 의하면 "일을 꾀함이 나에게 있
고, 일을 이루는 것도 응당 나에게 있다. 하늘을 믿기 전에
나를 믿으라"고 만해는 가르친다. 불경에 기록된 바 "몸과
마음이 필경 평등하여 여러 중생과 같고 조금도 다름이 없
는 데에 불도佛道가 있다"라고 한다. 그러므로 현실은 개혁

되어야 한다. 혁신하고 다시 혁신하여 향상하고 후퇴함이 없어야 한다. 노력하면 언제나 성과가 있다. 중생 구제는 나의 향상이며, 상황의 개혁 또한 나의 개혁으로 비롯된다. 불교는 실로 각자의 정신적 생명에 존재하며 그 자각에 존재한다.

만해는 불교가 참으로 그 큰 원리에 서서 민중과 접하며, 민중과 더불어 동화同化하기를 바라면서 개혁운동을 전개했고, 전 민중을 위하여 작품을 쓰고자 했다.

—작품을 써내려 가실 때 예술성과 통속성, 또는 순수문학과 대중 문학의 조화에 대하여 어떠한 고심을 하는가?

"……합리적으로는 예술성과 통속성, 순수성과 대중성을 겸해야 하겠지마는, 그렇지 못한 경우에는 예술성보다는 통속성에, 순수성보다는 대중적인 편이 도리어 좋지 않을까 나는 생각한다. 본래 예술이란 대중적이어야 하는 것이 근본 원리인데, 아무리 예술성을 지키고 순수문학적이라 하더라도 독자 대중이 없다면(전연 없지는 않겠지만 극소수인 경우) 좀더 통속성과 대중적인 편이 낫다고 하지 않을 수 없다."

— 월간《삼천리》(1936. 6)에서

불교 대중화 운동을 전개해온 만해는 문예 대중화에도 기여하려는 관점에서 순수문학을 배격하는 입장을 취했다.

그의 문학관이 이러했다면 예술관은 어떠했을까.

　—선생은 시나 소설을 쓰시면서 예술에 대해서는 늘 어떻게 생각하십니까?

　"예술이란 우리 인생의 한 사치품이지요. 오락이라고밖에는 안 보지요. 요사이에 와서는 예술을 이지理智 방면으로 끌어가며 그렇게 해석하려는 사람들도 있지마는 감정을 토대로 한 예술이 이지에 사로잡히는 날이면 그것은 벌써 예술성을 잃었다고 하겠지요. 그리고 또 근자에 이르러 너무나 감정이 극단으로 흐르는 예술은 오히려 우리 인간 전체에 비겁과 유약을 가져오는 것이나 아닌가 하고 우려까지 하지요. 예를 들면 우리의 생활에 있어서 기름이나 고추나 깨는 없어도 생활할 수는 있어도 쌀과 물과 나무가 없으면 도저히 생활할 수 없는 것과 마찬가지로, 예술은 없어도 최저한의 인간 생활은 이룰 수가 있겠지요. 그러나 좀더 맛있게 먹자면 고추와 깨와 기름이 필요 없다고는 할 수 없겠지요. 어떤 사람은 항의하리다만 나는 이렇게 예술을 보니까요!"

— 월간 《삼천리》(1936. 6)에서

　과연 예술은 생활의 사치이며, 맛을 돋우는 양념에 지나지 않는 것일까. 그 당시에 벌써 오락으로 전락해 가는 예술에 대한 경고이며, 극단적인 감정의 유희에 흘러 의식을 약화하고 소멸하는 문학에 대한 위험 신호의 긴급 발언이었다고 본다.

일찍이 한시에서부터 만해의 시에는 기백과 충절이 폭발함을 본다. 안중근 의사의 거사와 매천梅泉 황현黃玹의 자결 순국에 즈음하여 만해는 남달리 비장한 심회를 달랜다.

만 석이나 되는 더운 피여,
열 말의 크나큰 담이여,

한 칼 베어 내
서리가 날렸습니다.

고요한 밤 갑자기
벼락치는 소리.

불꽃 튀며 날리는 곳에
가을 하늘만 드높아요.

萬斛熱血十斗膽
粹盡一劍霜有韜
霹靂忽破夜寂寞
鐵花亂飛秋色高
의에 나아가 태연스레

나라 위해 눈 감으니

만고에 그 절개
꽃이 피어 새로워.

죽어서도 못 푸는 원한
남기지 말 것을

그 충절 위로하는
사람도 적지 않아요.

就義從容永報國
一暝萬古劫花新
莫留不盡泉臺恨
大慰苦忠自有人

― 〈황매천(黃梅泉)〉 전문

안중근과 황매천의 의기義氣를 간직한 만해는 독립 운동
가로 투옥되었다. 어느 날 이웃 방과 통방하다가 들켜 간수
에게 문책받게 되자 그 자리에서 즉흥시를 읊었다.

농산의 앵무새는
말을 잘도 합니다.

그 새만도 훨씬 못한
이 몸은 부끄러워요.

웅변은 은이요
침묵은 금이라는데

이 금으로 자유의 꽃이나
모두 사들였으면 하건만.

朧山鸚鵡能言語
愧我不及彼鳥多
雄辯銀兮沈默金
治金買盡自由花

— 〈옥중즉음獄中卽吟〉

　이 밖에도 10여 편의 옥중 한시가 있는데 〈증별贈別〉에서
"국화와의 기약, 저버리지 마오〔莫負黃花期〕"라 한 것이나, 최
린에게 주는 시 〈증고우선화贈古友禪話〉에서 "한 그루 매화
만은 지니지 못했는데〔一樹寒梅將不得〕, 눈바람 이리도 세차니
어쩌면 좋아요〔其如滿地風雪何〕"라고 한 탄식은 모두가 《님의
침묵》에 이르는 소중한 과정이 된다.

최고의 시인

감옥을 나온 만해는 몇 차례 대중 강연에 나가 열변을 토하였다. 이듬해 1923년 3월 24일 그는 법보회法寶會를 발기했다. 대장경 국역 사업의 기초 작업을 펼쳐 나가고자 해서였다. 다음해엔 조선 불교 청년회 총재에 취임하여 불교계를 지도해 나가며 민족 운동과 청년 운동을 계속했다.

그러던 중 그는 설악산으로 향하는 행장을 꾸렸다. 내설악의 백담사가 만해를 반겨 맞이했다. 대자연 속에 묻혀 노래를 읊조리며 그는 우리 문학사의 새로운 전환점을 마련했다. 백담사 자그만 방에서 그는 《님의 침묵》 88편을 1925년 8월 29일 밤에 드디어 탈고했다.

독자여, 나는 시인으로 여러분의 앞에 보이는 것을 부끄러워합니다. 여러분이 나의 시를 읽을 때엔 나를 슬퍼하고 스스로 슬퍼할 줄을 압니다. 나는 나의 시를 독자의 자손에게까지 읽히고 싶은 마음은 없습니다.

그때에는 나의 시를 읽는 것이 늦은 봄의 꽃수풀에 앉아서 마른 국화를 비벼서 코에 대는 것과 같을는지 모르겠습니다.

밤은 얼마나 되었는지 모르겠습니다.

설악산의 무거운 그림자는 엷어 갑니다.

새벽종을 기다리면서 붓을 던집니다.

— 〈독자에게〉

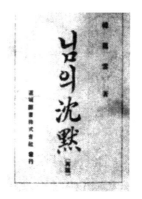

《님의 침묵》 초간본 표제지
1925년 8월 29일 설악산
오세암에서 《불교》 원고를
탈고하여 1926년 5월 20일
서울 회동서관에서 초간본
이 발간되었다.

한성도서에서 발행한
《님의 침묵》 재판본

시집 《님의 침묵》의 초판은 이듬해인 1926년 5월 20일에
간행되어 보급되었다.

그러나 이 시집 한 권만으로도 만해는 세기적인 대업大業
을 성취한 것이 아닐 수 없다. 그는 시인의 안목만으로 국화
향기를 풍기지 않는다. 그에게는 육안肉眼·천안天眼·혜안慧
眼·법안法眼·불안佛眼 등 5안이 있어 사물에 접근하고 불변
부동의 진리요, 불생 불멸의 진체인 진여眞如의 경지에 이른
다. 평등 일여平等一如인 진여의 세계, 여여如如의 세계, 곧 님
과의 일체一體에 이르는 길을 《님의 침묵》은 깨닫게 한다.

님만 님이 아니라 기리는 것은 다 님이다. 중생이 석가의 님이라면 철학은 칸트의 님이다. 장미화의 님이 봄비라면 마치니의 님은 이태리다. 님은 내가 사랑할 뿐 아니라 나를 사랑하느니라. ……나는 해 저문 벌판에서 돌아가는 길을 잃고 헤매는 어린 양이 기리어서 이 시를 쓴다.

— 〈군말〉에서

만해의 시는 빛의 충만이다. 무량광명無量光明이 아닌 시편이 거의 없다. 선정禪定의 침묵 속에서 그는 님을 본다. 민족의 독립이 님을 찾는 길이었던 시대를 그가 살았다면, '길을 잃고 헤매는 어린 양'은 오늘 남과 북으로 흩어져 헤매고 있다. 오늘 우리가 님의 길을 찾기를 계속한다면 민족 통일은 자유 민주 평화 통일의 달성에 있음을 이 시집은 시사한다.

'내가 사랑할 뿐만 아니라 나를 사랑'하는 님이 중요하다. 사랑의 성스런 완성을 《님의 침묵》은 우리에게 호소한다. 자유와 평화를 상징하는 살아 있는 실체인 님은 민중이자 조국이다. 중생이 석가의 님인 것처럼 한용운의 님은 중생, 곧 민중이기 때문이다.

〈조선 독립 이유서〉를 보면 우리나라 독립의 원동력으로, 첫째 민족 자존성自存性, 둘째 조국 사상, 셋째 자유주의를 들고 있다. 그리고 다른 나라의 독립을 위해서 끝으로 세계에 대한 의무를 지킬 것을 주장한다. 만해의 민족주의 사상을 이해하는 데 있어서 민족 자존성은 중요한 위치를 차지한다. 그는 우리 민족이 이미 독립할 수 있는 상태에 있다고 본다.

조선 독립의 자신自信에서 그는 이렇게 말했다.

조선의 독립은 산 위에서 굴러 내리는 둥근 돌과 같아서 목적지에 이르지 않으면 그 기세가 멎지 않을 것이다.

— 〈조선 독립 이유서〉

독립의 원동력이 되는 이러한 믿음을 자유 정신의 전개에 두었다. 그런데 그의 자유는 그 본질이 절대적임을 표방한다. 사회적 자유와 내면적 자유를 실현하기 위해서 끊임없이 투쟁하지 않으면 안 된다. 그리고 평등은 자유와 맞먹는 것이므로 완전한 자유가 실현될 때 완전한 평등도 실현된다. 더욱이 민족 독립을 가져올 힘이 민중 속에 있다는 그의 신앙은 민족주의 문학의 성전聖典이라 할《님의 침묵》의 기조基調가 된다.

3·1운동 전후로 이 땅의 근대 지식인들이나 독립 운동가들은 만해와는 달리 민족의 역량이나 민중의 저력을 믿지 않았다. 그들은 열강列强에 독립을 청원한다거나 외교에 의한 위임 통치를 내세우는가 하면, 준비론을 들고 나오고 민족개조론이라는 것을 전개하여 외세의 강권 통치에 동조하거나 식민지 정책 수행을 합리화하는 결과를 초래하기에 이른다. 신문화운동이나 문예 운동까지도 봉건적인 사고 체제

를 불식하지 못한 채 식민지 열강의 새로운 풍조에 빠지기도 하였고, 단순하게도 식민지 지식인의 허무의식을 전파하는 데 그쳤을 뿐이다. 국초菊初·육당六堂·춘원春園의 신문학과 그 아류 문학은 말할 것도 없고, 1920년대에 들어오면서 활기를 띤 동인지同人誌 활동이라는 것도 참된 민족문학이나 민중문학의 전개에 그다지 큰 구실을 하지 못했다.

한편 만해 한용운은 그들 식민지 문학도처럼 이렇다 할 무슨 주의主義를 내세우지 않았지만 시집 발문에서 밝힌 바와 같이 시인임을 오히려 부끄러워할 뿐만 아니라, "여러분이 나의 시를 읽을 때에 나를 슬퍼하고 스스로 슬퍼할 줄을"(〈독자에게〉 중에서) 안 겸허한 문학의 성직자였다. 그러나 그의 시편 중 우수한 작품들은 오히려 만대萬代에 생동하는 향내를 뿜을 것으로 믿어지고 있다.

님은 갔습니다. 아아, 사랑하는 나의 님은 갔습니다. …….
나는 향기로운 님의 말소리에 귀먹고 꽃다운 님의 얼굴에 눈멀었습니다.
사랑도 사람의 일이라 만날 때에 미리 떠날 것을 염려하고 경계하지 아니한 것은 아니지만, 이별은 뜻밖의 일이 되고 놀란 가슴은 새로운 슬픔에 터집니다…….
우리는 만날 때에 떠날 것을 염려하는 것과 같이 떠날 때에 다시 만날 것을 믿습니다.
아아, 님은 갔지마는 나는 님을 보내지 아니하였습니다.

제 곡조를 못 이기는 사랑의 노래는 님의 침묵을 휩싸고 돕
니다.

— 〈님의 침묵〉에서

　사랑하는 님과의 이별을 확인하는 새로운 슬픔을 그는
노래한다. 비통한 사랑의 노래에는 그러나 떠나간 님이 언젠
가 되돌아오고 다시 만날 때가 있을 것을 굳게 믿는 신앙이
자리잡는다. 이미 가버린 님이지만 그림자만은 그의 마음의
문안에 남아 있다. 이별을 통한 사랑의 확인은 그의 시인
의식을 승화해준다. 많은 시편들이 사랑의 신성神聖을 노래
하면서 이별의 애처로운 여운을 구가한다. 그러한 시법詩法
의 본질은 퍽 진지하다.

　가갸로 말을 하고 글을 쓰셔요.
　혀끝에서 물결이 솟고 붓 아래에 꽃이 피어요.

　그 속엔 우리의 향기로운 목숨이 살아 움직입니다.
　그 속엔 낯익은 사랑의 실마리가 풀리면서 감겨 있어요.

　굳세게 생각하고 아름답게 노래하여요…….
　가갸날, 오오, 가갸날이여.

— 〈가갸날에 대하여〉(1926. 12)에서

한글로 사고하고 한글로 글을 써서 불멸의 노래를 남긴 그는 어디까지나 '굳세게 생각하고 아름답게 노래'하기를 잊지 않는다. 민족운동에 일생을 바친 우렁찬 목소리는 아름다운 가락으로 시편 도처에 깔려 있다. 만해는 역사를 혁명하고 민족을 개조하고 문학을 새롭게 한다.

"무덤 위에 피묻은 깃대를 세우셔요"라고 〈타고르의 시를 읽고〉에서 노래할 때 혁명가의 경건한 목소리가 울려옴을 우리는 듣게 된다.

독특한 시 세계

만해 한용운은 자유를 추구하는 과정에서 불교 개혁을 부르짖고, 민족운동에 참가하며 《님의 침묵》에 수록된 시를 비롯한 많은 문학 작품을 쓴다. 그런데 그의 작품 세계에는 인도의 거사 유마힐의 목소리가 울려 퍼지고 있다. 《유마경》이 초논리적이고 초윤리적이며, 경우에 따라서는 천상의 황홀경에 젖게 할 때도 있는 것처럼, 《님의 침묵》에서 만해의 비상한 상상력은 천상天上의 음악처럼 들려질 때가 있다.

바람도 없는 공중에 수직의 파문을 내이며 고요히 떨어지는 오동잎은 누구의 발자취입니까.

지리한 장마 끝에 서풍에 몰려가는 무서운 검은 구름의 터진 틈으로 언뜻언뜻 보이는 푸른 하늘은 누구의 얼굴입니까.

꽃도 없는 깊은 나무에 푸른 이끼를 거쳐서 옛 탑 위의 고요한 하늘을 스치는 알 수 없는 향기는 누구의 입김입니까.

근원은 알지도 못할 곳에서 나서 돌부리를 울리고 가늘게 흐르는 작은 시내는 굽이굽이 누구의 노래입니까.

연꽃 같은 발꿈치로 가이없는 바다를 밟고, 옥 같은 손으로 끝없는 하늘을 만지면서 떨어지는 날을 곱게 단장하는 저녁놀은 누구의 시입니까.

타고 남은 재가 다시 기름이 됩니다. 그칠 줄을 모르고 타는 나의 가슴은 누구의 밤을 지키는 약한 등불입니까.

— 〈알 수 없어요〉

꽃은 떨어지는 향기가 아름답습니다.

해는 지는 빛이 곱습니다.

노래는 목메인 가락이 묘합니다.

님은 떠날 때의 얼굴이 더욱 어여쁩니다.

— 〈떠날 때의 님의 얼굴〉에서

한용운은 《유마경》의 설법을 터득하여 이별을 통한 만남을 예견한다. 거기에 시의 핵심이 있다. 이러한 세계는 곧 유마힐의 세계다.

따슨 볕 등에 지고
유마경維摩經 읽노라니
가볍게 나는 꽃이
글자를 가립니다.
구태여 꽃 밑 글자를
읽어 무삼하리요.

— 〈춘화春畫 1〉

이처럼 '꽃 밑 글자' 모두를 그의 시에서 의미로 추출하는
데는 무리가 따를지 모른다.
다만 그가 간 길 자체가 사랑의 길이었고, 님을 향한 길
의 선경禪境임을 경이롭게 지켜볼 따름이다.

봄 물보다 깊으니라.
가을 산보다 높으니라.
달보다 빛나리라.
돌보다 굳으리라.
사랑을 묻는 이 있거든
이대로만 말하리.

— 〈사랑〉

물이 깊다 해도
재면 밑이 있고

뫼가 높다 해도
헤아리면 위가 있다.
그보다 높고 깊은 것은
님뿐인가 하노라.

— 〈무제 2〉

진정한 사랑은 표현할 수가 없습니다.
그들은 나의 사랑을 볼 수는 없습니다.
사랑의 신성神聖은 표현에 있지 않고 비밀에 있습니다.

— 〈칠석〉에서

사랑의 신성 만해의 길은 표현을 넘어선다. 깨달음의 경지를 향한 그의 길은 사랑의 길이요, 곧 님의 길임을 우리는 안다.

그러나 나의 길은 이 세상에 둘밖에 없습니다.
하나는 님의 품에 안기는 길입니다.
그렇지 아니하면 죽음의 품에 안기는 길입니다.
그것은 만일 님의 품에 안기지 못하면 다른 길은 죽음의 길보다 험하고 괴로운 까닭입니다.
아아! 나의 길은 누가 내었습니까.
아아! 이 세상에는 님이 아니고는 나의 길을 낼 수가 없습니다.

그런데 나의 길을 님이 내었으면 죽음의 길은 왜 내셨을까요.

— 〈나의 길〉에서

만해의 길은 죽음의 길이 아니었다. 님의 길, 깨달음의 길, 사랑의 길이었다. 차라리 이별이 미의 창조이고, 미는 님과의 벅찬 만남이며, 유심의 완성임을 그는 다짐한다.

대지의 음악은 무궁화 그늘에 잠들었습니다.

광명의 꿈은 검은 바다에서 자맥질합니다.

무서운 침묵은 만상의 속살거림에 서슬이 푸른 교훈을 내리고 있습니다.

아아 님이여, 새 생명의 꽃에 취하려는 나의 님이여,

걸음을 돌리셔요. 거기에 가지 마셔요. 나는 싫어요.

— 〈가지 마셔요〉에서

하지만 차마 떨치고 가버린 그 님의 소리는 침묵이었고, 그 얼굴은 흑암이었으며, 또 그 그림자는 광명이었다(《반비례 反比例》에서). 그리고 만해는 그 님의 사랑을 사랑한 정열아였다. 님의 손길만이 그의 가슴에 타오르는 불꽃을 어루만져 줄 수가 있었다. 님의 사랑은 불보다도 뜨거워서 근심 산을 태우고 한恨 바다를 말리는데, 님의 손길은 가슴의 불꽃을 끌 수가 있다(〈님의 손길〉에서)고 그는 상상한다.

그러나 님의 얼굴이 사막의 꽃이며 그믐밤의 만월이라면 그는 님의 그림자(〈님의 얼굴〉에서)에 지나지 않았다. 그러면서도 그는 "죽음을 기러기 털보다도 가볍게 여기고, 가슴에서 타오르는 불꽃을 얼음처럼 마시는 사랑의 광인狂人"(〈슬픔의 삼매三昧〉에서)으로 자처한다.

과연 만해는 사랑의 광자狂者로 님과의 일치를 일생토록 갈구하였다. 침묵의 음보音譜에 실은 그의 노래는 궁극에는 님과 일치되며 완성의 길이 있음을 깨닫는다. "고통의 가시덤불 뒤에 환희의 낙원을 건설하기 위하여 님을 떠난"(〈낙원樂園은 가시덤불에서〉에서) 그는 님과의 일체一體를 목마르게 노래한다.

님이여, 나의 마음을 가져 가려거든 마음을 가진 나에게서 가져 가셔요. 그리하여 나로 하여금 님에게서 하나가 되게 하셔요.

— 〈하나가 되어 주셔요〉에서

나에게 생명을 주든지 죽음을 주든지 당신의 뜻대로만 하셔요.

나는 곧 당신이어요.

— 〈당신이 아니더면〉에서

님이여, 당신과 내가 사랑의 속에서 하나가 되는 것을 참아 주셔요. 그리하여 당신은 나를 사랑하지 말고 나로 하여금 당신을 사랑할 수가 없도록 하여 주셔요. 오오, 님이여.

— 〈참아 주셔요〉에서

당신은 나의 죽음 속으로 오셔요. 죽음은 당신을 위하여 준비가 언제든지 되어 있습니다.

만일 당신을 쫓아오는 사람이 있으면 당신은 나의 죽음의 뒤에 서십시오.

죽음은 허무와 만능이 하나입니다.

죽음의 사랑은 무한인 동시에 무궁입니다.

죽음의 앞에는 군함과 포대가 티끌이 됩니다.

죽음의 앞에는 강자와 약자가 벗이 됩니다.

그러면 쫓아오는 사람이 당신을 잡을 수는 없습니다.

오셔요. 당신은 오실 때가 되었습니다. 어서 오셔요.

— 〈오셔요〉에서

죽음까지도 무릅쓰면서 님과의 일치를 추구한 만해는 우리 문학사상 가장 위대한 시성詩聖의 한 사람이다. 무엇보다 그는 역사와의 완전한 일체감으로써 진여眞如를 추구했기 때문이다. 님과 사랑 안에서 하나가 된다는 것은 민족과 하나가 된다는 뜻이었으며, 조국과 하나가 된다는 무서운 선언이었다.

결국 사랑의 실천을 위한 복음서요, 인류 평화의 예언서이며, 인간 자유의 영원한 송가인 《님의 침묵》은 역사에 길이 남을 민족의 영가靈歌가 된 줄 안다.

민족시인 만해

진정으로 역사에 참여한 탁월한 민족 시인 만해는 민중의 고달픈 생활 현실 속에 눈을 돌린다.

첫새벽 굽은 길을
곧게 가는 저 마누라.
공장 인심 어떻던고
후하던가 박하던가.
말없이 손만 젓고
더욱 빨리 가더라.

— 〈직업부인〉

맑은 물 흰 돌 위에
비단 빠는 저 아씨야.
그대 치마 무명이요
그대 수건 삼베로다.

묻노니 그 비단은

뉘를 위해 빠는가.

— 〈표아漂娥〉

이러한 정경은 생활의 부조화 현상이요, 모순된 사회 구조임에 틀림없다. 그러나 그러한 모순 현상을 해소하기에 만해의 자세는 너무도 미온적이고 초논리적인 느낌을 감추기 어렵다.

모순이 모순이라면

모순의 모순은 비모순非矛盾이다.

모순이냐 비모순이냐

모순은 존재가 아니고 주관적이다.

모순의 속에서 비모순을 찾는 가련한 인생

모순은 사람을 모순이라 하느니 아는가.

— 〈모순矛盾〉에서

말의 유희에 가까운 설법說法이기는 하나 여기에 그치지 않고, 일찍이 타고르에게 경고하기를,

벗이여, 나의 벗이여.

죽음의 향기가 아무리 좋다 하여도 백골의 입술에 입맞출

수는 없습니다.

그의 무덤을 황금의 노래로 그물치지 마셔요. 무덤 위에 피 묻은 깃대를 세우셔요.

그러나 죽은 대지가 시인의 노래를 거쳐서 움직이는 것을 봄 바람은 말합니다.

— 〈타고르의 시를 읽고〉에서

라고 했던 만해이고 보면, 그도 마침내 죽음의 무덤에 황금의 노래를 바친 것이나 아닌지 모른다. 탁월한 민족 시인이면서도 만해가 절실한 민중 생활 속에 뛰어들기에 무리가 있어 보이는 것은 유감스런 일이다. 실상 그 자신이 생활을 부정한 탓이었을까.

근대 시성으로서 진면목을 나타낸 것은 그가 생활인으로서라기보다 선승禪僧으로서 빛나는 노래를 남긴 점이라고 본다.

달을 기다리며
매화나무는 학처럼 야위나요.

오동나무에만 앉으니
사람 또한 봉황이 아닌가요.

밤새도록 계속되는 추위는
지칠 줄 모르고

집을 둘러 쌓인 눈은
산봉우리 같구나.

待月梅何鶴
依梧人赤鳳
通宵寒不盡
繞屋雪爲峰

— 〈청한淸寒〉

님을 기다리기에 학과 같이 야윈 매화나무의 모습에서 한용운의 생애를 읽고, 오동나무에 올라앉으며 인간 봉황의 길을 걸은 그의 고사高士다운 자세를 상기할 뿐이다. 온 생애를 두고 설한풍雪寒風만 드세었건만 만해는 하나의 웅봉雄峰으로 버티기만 했다.

한편 만해는 여러 편의 소설을 썼다. 그의 소설 작품들이 그다지 높이 평가받지 못한 이유는 시편들이 너무도 빼어난 데 있었다. 또한 당대에는 혼란기로써 제대로 평가받을 상황도 아니었다. 만해의 소설도 그의 사상을 반영하고 있으며, 삶의 교훈을 담고 있다.

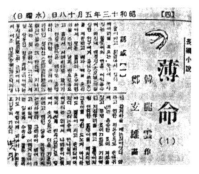

1938년 5월 18일《조선일보》에 연재된 소설 〈박명〉.

중편 소설 〈죽음〉은 1924년 10월 24일에 탈고했으나 사후 25년이 지나서야 발표되었고, 1930년대 후반에 장편 〈흑풍黑風〉〈후회〉〈철혈미인鐵血美人〉〈박명薄命〉 등을 신문에 연재하였다. 또한 제2차 세계대전이 발발한 뒤 〈삼국지〉를《조선일보》에 연재한 적도 있다.

대체로 한용운의 소설은 행동 소설이거나 불교 소설이다. 의로운 등장 인물들이 나와 역사의 선두에서 투쟁한다. 남녀의 사랑은 흔히 혁명 앞에서 패배한다. 악인들은 언제나 인과응보因果應報를 면치 못한다. 근본적으로 계몽 소설의 범주에 드는 작품들이다.

처음으로 발표하게 된 소설 〈흑풍〉의 연재를 앞두고 만해는 1935년 4월 8일자《조선일보》지상을 통하여,

"나는 소설 쓸 소질이 있는 사람도 아니요, 또 나는 소설가가 되고 싶어 애쓰는 사람도 아니올시다"

라고 실토하고 있다. 무대를 중국으로 하여 청조淸朝 말엽의 풍운아 서왕한徐王漢을 등장시켜 이야기를 펼친다. 민중 구제의 혁명 사업에 투신하기 앞서 왕한은 쾌남아의 위용을 보인다. 부호를 털어 빈민을 돕기도 하고 죽음의 위기에서 벗어나 우연한 일로 미국 유학까지 간다. 미국 가는 배 위에서 해적들과 탐정극이 벌어져 미모의 여인을 보호하게 되고, 미국에 가서도 한때 연애에 빠진다. 밀정으로 온 미녀의 정체를 알게 되자 위기를 피하여 귀국, 무창武昌으로 향한다. 혁명 운동에 뛰어들었으나 연애 행각에 빠져 혁명 의지가 다소 약화된다. 혁명운동은 차차 침체에 빠진다. 이에 왕한의 동반자요 혁명의 협조자인 호창순은 '구태여 사랑이 필요하다면 혁명을 애인으로 삼아주세요'라는 유서를 남기고 죽음으로써 남편을 받든다.

이 작품에 나오는 여성 해방회 대목에서는 자유 평등의 여권 신장에 대한 이론을 제시하였다. 또 〈흑풍〉 속에 이런 구절도 나온다.

"사람이 짐승보다 다른 것은 자기 몸 이외의 가족을 알고, 사회를 알고, 국가를 알고, 행복보다 의리를 중하게 여겨야 하는 것이다. 천하 만고에 사회와 국가를 위하여 일신의 행복은 말도 말고 귀중한 생명을 티끌같이 버린 이가 얼마인가?"

—《한용운 전집》5권 250쪽

이것은 만해의 목소리가 아닐 수 없다. 소설 〈흑풍〉은 1936년 2월 4일까지 《조선일보》에 연재되었다.

〈후회〉는 같은 해에 《조선 중앙일보》에 연재되다가 중단된 미완성 작품이고, 〈철혈미인〉 역시 1937년 《불교》지에 연재되다가 매듭을 짓지 못한 소설이다.

창수 앞에 나오는 신여성과 구여성을 통하여 그의 인생에 닥치는 일들을 묘사하는 데서 〈후회〉는 중단되고 있다. 〈철혈미인〉에서는 군벌의 거두를 암살한 시곡란施谷蘭의 얘기가 전개되다가 말지만, 연약한 여자라도 동지를 모아 혁명을 일으켜야 한다는 작가의 의도가 드러난다.

1938년 5월 18일부터 이듬해 3월 12일까지 《조선일보》에 연재된 장편 소설 〈박명〉은 만해가 거룩한 한국 여성을 그려낸 작품이다. 장순영의 기구한 일생을 그린 이 작품은 그녀가 불교에 귀의함으로써 결말이 난다. 사건 전개의 지나친 우연성이 다소 구성의 결함인 듯 여겨지나, 긍정적인 한국 여인상을 제시하고 도시와 농촌 사회의 이면에 대한 파악도 선명하다.

온갖 희생을 감내하고 살아야 하는 생활의 윤리를 보이면서 심오한 불교의 이치를 밝힌 장편 소설이 〈박명〉이라면, 중편 〈죽음〉은 혁명가 김종철을 둘러싼 인과응보가 그 줄거리이다. 〈죽음〉에는 〈자유〉라는 제목으로 시집 《님의 침묵》에 넣을 만한 시 한 편이 삽입되어 있어 눈길을 끈다.

자유가 사람에게 가는 것입니까.

　사람이 자유를 얻는 것입니까.

　자유가 사람에게 간다면 어떠한 사람에게 갑니까.

　사람이 자유를 얻는다면 어떻게 얻습니까.

　자유가 사람에게 가는 것은 아니요, 사람이 자유를 얻는 것도 아닙니까.

　그러면 자유가 곧 사람이요, 사람이 곧 자유입니까.

　"님이여, 나에게 자유를 주지 않으려거든 나를 사랑하지 말아 주세요"하였습니다. 그 때문에 나에게 자유가 없습니까.

　"님이여, 나를 사랑하여 주세요. 나는 나의 자유를 사랑하겠습니다."

　이렇게 말하면 나에게 자유가 있겠습니까.

　"잠잠하여라, 자유는 말로 얻는 것이 아니다. 자유는 생명의 꽃수레를 타고 다닌다"하십니까.

　님과 자유와 생명은 서로 떨어져서 존립할 수 없다는 것을 알게 한다. 그 자유가 말로써 얻어지지 않고, 보살행으로 가능하다는 것을 만해로서는 "자유는 생명의 꽃수레를 타고 다닌다"는 극치의 세계로 우리를 이끈다.

5. 심우장 일화

잃은 소 없건마는
찾을 손 우습도다
만일 잃을시 분명타 하면
찾은들 지닐쏘냐
차라리 찾지 말면
또 잃지나 않으리라.

— 〈심우장 1〉

가정 생활

만해는 그의 나이 쉰다섯에 유숙원兪淑元 여사를 부인으로 맞이했다. 그는 출가한 후 줄곧 독신 생활을 해왔었다.

만해를 받드는 사람들은 그가 해인사海印寺에서 여생을 보내도록 시봉侍奉할 준비를 마쳐 놓고 있었다. 어느새 형사들이 그 기미를 알아채고 해인사에 달려왔다. 직접 만해에겐 감히 접근조차 못 하는 일본 경찰들은 절에 와서 추근

거리며 다른 사람들을 볶아댔다.

만해는 상경할 것을 결심했다. 자기가 내려와 있음으로써 주변에서 승려들이 겪게 되는 시달림을 보고 마음을 굳히게 되었다.

상경한 그는 주변의 인사가 소개해주는 유씨 부인과 재혼을 하였다. 마흔이 넘도록 어느 병원에서 간호사로 봉직 중이던 노처녀를 맞이했으나 생활의 궁핍은 여전히 면할 길이 없었다. 유씨 부인은 1966년에 74세로 타계他界하기까지 만해의 내조자로 덕을 쌓았다. 만해는 유씨와 재혼한 지 1년 만에 외동딸 영숙英淑을 낳았다. 일제 말기에 취학할 나이가 되었는데도 만해는 딸을 학교에 보내지 않았다. 그래서 집에서 한학만을 배웠는데 참으로 우수한 재원이었다.

영숙 역시 아버지를 닮아 머리가 뛰어나 다섯 살 때에 이미 《소학》을 읽었다.

하루는 영숙이가 신문에 간간이 섞인 일본 글자를 보고,

"아버지, 이건 무엇이에요?"

하고 물었다.

"음, 그건 몰라도 되는 거야. 그건 글자가 아니야."

비록 어린 딸인 영숙에게 한 말이었지만 이 한마디 말에서도 인생을 독립운동에 바친 만해의 단면을 엿볼 수 있다. 그는 죽는 날까지,

"일본놈의 백성이 되기는 죽기도 싫다. 왜놈의 학교에도 절대 보내지 않겠다"

하고는 집에서 손수 딸을 교육했다. 학교 문턱에도 못 간 영숙은 해방 후에야 측근 인사의 배려로 가호적에 편입되고 서원출徐元出 등의 배려로 학창 생활을 할 수 있었다.

일본이 통치하는 동안 그들은 처음엔 민적民籍, 그 후엔 호적법戶籍法을 실시했다.

만해는 처음부터,

"나는 조선 사람이다. 왜놈이 통치하는 호적에 내 이름을 올릴 수 없다"

라고 하면서 시집 《님의 침묵》에도 나와 있듯이 망국민으로 평생을 호적 없이 지냈다. 그래서 만해가 받은 곤란은 한두 가지가 아니었다. 신변 보호를 받을 수 없었던 것은 물론, 일제의 모든 배급에서도 제외되었다.

지금부터 60여 년 전의 경성부京城府 성북정城北町은 오늘날의 성북동과는 거리가 멀어, 하늘이 보이지 않을 만큼 숲이 깊고 인적도 드물었다. 바로 지척에 문안의 번화한 거리가 있으나 이곳은 너무나도 외지고 깊은 골짜기였다.

이 성북동 산기슭에 조그만 한옥이 한 채 있었다. 나무가 우거진 비탈에 자리잡은 아늑한 집이었으나 누가 보아도 초라하기 이를 데가 없는 한옥이었다. 만해 한용운은 바로 이 집에 살고 있었다. 그것도 자기 집이 아닌 남의 집, 이를테면 셋집을 얻어 살고 있었던 것이다.

만해가 원래 돈을 버는 데 주변이 모자라서 이렇게 가난한 살림을 하는 것은 아니었다. 생각만 있다면 얼마든지 윤택한 생활을 누릴 수도 있었다. 전향한다고 한마디만 하면 자리도 주고 집도 주고 생활을 윤택하게 보장하겠다는 유혹은 얼마든지 있었다. 그러나 만해의 신념은 확고부동했다.

우리 민족을 포함하는 중생들을 위해 그가 해야 할 것은 너무나 명백했다. 각 사찰을 돌기도 하고, 혹은 붓을 들어 식민 정책을 비판하는 등 무거운 짐을 지고 있던 그에게 저녁거리가 있고 없고는 문제가 아니었다. 그래서 밥을 먹고 사는 일에 관한 일은 대체로 그 부인이 변통을 할 수밖에 없었다.

부인은 삯바느질·빨래하기·물 길어다 주기…… 이런 등등의 잡역을 해가면서 입에 풀칠을 하였다. 그러나 벌써 만해의 민족 사상에 감복되었음인지 부인은 별로 불평도 없었다. 오직 '부처님의 은덕으로 그분의 뜻이 이루어지기를!' 하고 비는 소박한 염원이 있을 뿐이었다.

그런데 이렇게 남의 집 셋방살이를 하는 만해 부부에게 한번은 희한한 소식이 들렸다. 만해를 존경하고 따르던 동지 몇 사람이 만해를 위해 집 한 채를 장만할 계획을 벌이고 있다는 소식이었다.

때는 1933년이었다. 이 무렵은 일제가 만해의 활동에 대해 점차 제동을 심하게 걸고 있던 시기이기도 하였다. 그래서 만해의 글은 특별히 까다롭게 검열을 거쳐야 했고, 검열을 거친 뒤에는 으레 붉은 잉크 자국이 수없이 북북 그어져 있는 것이 통례였다.

점 하나, 단어 하나를 아무렇게나 쓰지 않는 만해의 성격은 이것을 용납치 않았다. 차라리 북북 찢어 버릴지언정 그 따위 글들을 활자로 바꿔 놓고 싶은 생각은 추호도 없었다. 이렇게 해서 조금씩 생기는 원고료마저 아주 끊어져 버렸다. 그래서 그때 《조선일보》를 경영하고 있던 방응모方應謨 사장은 소설 연재 등으로 만해에게 얼마씩 생활비를 보태 주었고, 나아가서는 방 사장을 비롯한 김벽산金碧山의 대지垈地, 홍순필洪淳泌의 주선과 김용담金龍潭의 보조, 그리고 일부 득채得債로 집 한 칸을 마련해보자는 얘기도 나오기에 이른 모양이었다. 그러나 만해의 마음은 아주 다른 곳으로 움직이고 있었다.

"성북정에서 남향으로 집을 세운다? 그러면 내 집 정문이 곧장 총독부를 바라보고 서 있게 될 것이 아닌가?"

만해는 예의 체머리를 흔들며 수없이 고개를 갸우뚱거렸다. 드디어 다음 순간 그의 얼굴에는 확고부동한 결심의 빛이 보였다.

"안 되지! 그 꿈에도 보기 싫은 돌집을 향한 집에 살다니…… 볕이 안 들고 샘물이 없더라도 내 집은 여기다 세울 수 없어. 반대편 저 산비탈에나 지어 본다?"

본래 옳다고 생각한 일이면 목을 내놓고라도 결행하는 만해의 성격을 아는 터에 반대하는 사람은 없었다.

결국 선택된 곳은 거기서 맞은편으로 바라다보이는 산기슭 정북향正北向의 응달 쪽이었다. 그곳은 길도 없는 수풀

속을 한참 올라가야 하는 외진 곳이었다. 그러나 높다랗게 올라앉아 보니 우선 만해의 가슴은 후련했고, 돌집을 등지고 북쪽을 바라보니 미상불 야릇한 통쾌감마저 들었다.

특별히 좋아서 어쩔 줄 몰라 했던 사람은 부인이었다. 잔주름이 늘어 가는 마나님답지 않게 가슴을 설레며 밥을 짓고 함지에 담아 그 산길을 오르내리며 어려운 줄도 모르는 듯했다.

이렇게 해서 성북동 집은 낙성이 됐다. 택호宅號는 심우장尋牛莊. 소를 찾는 집이라면 선가禪家에서 말하는 무상 대도無常大道를 깨치기 위해 공부를 하는 집이란 뜻이었다. 손수 상록수도 심어서 가꾸었다.

심우장 집은 오늘날에도 여전히 그냥 있다. 1972년 봄까지도 외동딸이 살아온 이 집의 방향은 정말 총독부 쪽과는 정반대 방향이다.

다만 우리는 그가 이 기벽奇癖을 가지고 어떻게 일제의 모진 풍토 속에서도 목숨을 유지할 수 있었는가 탄복할 뿐이다.

그는 일제와 전혀 타협하지 않았던 단재丹齋 신채호申采浩의 비문을 지었고, 반제反帝 무력 항쟁을 하다 잡혀 서대문에서 옥사한 일송一松 김동삼金東三의 장례식을 주선하였다. 일찍이 안중근 의사 추모시를 썼으며, 합방이 되자 스스로 목숨을 끊었던 호남이 낳은 시인 황매천黃梅泉을 영탄詠嘆하여 노래하기도 했다.

그의 기본 자세가 어찌 손쉽게 일제의 무위武威 앞에 굴복하여 일제의 재보財寶에 연연할 수 있으랴. 그는 영원히 굴하지 않는 이 나라 저항적 양심의 마지막 한 사람이요, 등불이었다.

그가 기거하는 방은 언제나 불기 없는 찬방이었다. 안국동 선학원禪學院에서도 그랬고, 성북동 심우장에서도 그러했다. 일제 시대의 서울의 장작 값은 비싸기도 했지만 실상 그것만이 이유는 아니었다. 특별한 일이 없는 한 전차니 인력거니 하는 따위를 타기 싫어했던 만해, 그리고 초라한 옷 한 벌밖에는 걸칠 것을 바라지 않았던 만해, 한국 전체가 하나의 커다란 감옥이라고 생각하고 있던 만해이니만큼 그가 따뜻한 온돌에 앉아 안일한 생을 누린다는 것은 차라리 분수 밖의 일이었다. 뿐만 아니라, 이 냉돌 위에서 그는 선정禪定에 들어 있거나 아니면 경經을 읽거나 하는 것이 평소의 일과였다. 이때 그의 자세는 하루 종일 흐트러짐이 없었다. 그의 가슴속에는 과연 무엇이 용솟음치고 있었던가. 너무도 꼿꼿한 그리고 무서우리만큼 딱딱한 자세로 말미암아 그는 결국 '저울추'란 별명까지 얻었다지만, 이 별명이야말로 그의 곧은 지조, 매서운 절개를 단적으로 설명해주는 것이기도 하다.

그는 비록 냉돌에 앉아 있을망정 누구에 대해서 이야기할 때는 그 냉돌에서 사뭇 불길이 올랐다. 그의 열변을 듣고 있노라면 누구나 타오르는 불꽃을 느낄 수가 있었다.

"최후의 일각까지, 최후의 일인까지……."

독립선언문 뒤에 그가 이 1절을 삽입했던 것도 그의 이러한 뜨겁고 철저한 정신을 반영한 것이었다. 그는 한결같이 꿋꿋한 기백을 살렸다.

만해는 아침이면 자신이 기거하는 방을 손수 깨끗이 소제해놓고 검소한 생활을 하면서 스스로 만족했다. 그리고 늘 참선만 했다.

시내 외출을 할 때면 번번이 고개를 넘었다. 심우장에서 안국동 40번지 선학원까지의 길을 단숨에 오고가는 만해였다.

선학원은 만해가 3·1운동으로 서대문 감옥에서 3년을 복역하다가 석방된 후 10년 남짓 보낸 수도장이었다. 당시 적음寂音 스님이 거기에서 만해를 시봉했다. 만해가 머무는 동안 그곳은 민족주의자의 연락 장소로 지목받았다.

대한 불교 조계종 총무원장을 역임한 강석주 노스님은 선학원 시절의 만해 선사를 이렇게 회고한다.

"무척 차가운 분이었죠. 추종자는 많아도 친한 사람은 많지 않았습니다. 말이 통 없으신 만해 스님은 금붕어를 무척 좋아했었죠. 늘 어항에 손수 물을 주곤 했습니다. 또 기운이 참 좋으신 분이라 가부좌跏趺坐하여 소두小斗 말을 뛰어넘을 정도였습니다."

그 무렵은 형사들이 선학원을 둘러싸고 매일 감시를 하던 때였다. 일본인 형사, 한국인 형사 할 것 없이 그들은 만해를 감시하러 와 있으면서도 만해 앞에서는 꼼짝을 못 했다.

"선생님, 선생님!"

하고 접근해오면서 무슨 회유책이라도 쓰려고 하면 일언지하一言之下에 호통을 쳐서 그 자리에서 쫓아 버렸다. 혹자는 학병 나가는 일을 협조해 달라고 했다가,

"잡아가려면 나를 잡아가라. 왜 젊은이들을 명분 없는 싸움터에 나가게 해!"

하는 호령에 혼비백산하였다.

계속되는 항일운동

만년에 접어들면서 만해가 적극적인 항일 투쟁을 하기는 어려웠다 할지라도 그의 몸짓은 오직 일본 통치에 대한 거부의 그것이었다. 만해는 매사에 초지일관하는 자세로 자신의 신념을 지켜 나갔다.

역사의 밤은 깊고, 민족의 고뇌 또한 심각해졌을 때, 만해 한용운은 신사 참배와 학병 동원, 그리고 일체의 회유책을 거부함으로써 한 가닥 양심의 촛불을 밝혔다.

고루 이극로李克魯가 학병 연설에 나섰을 때였다.

"고루, 그래 더럽게 되었군. 자네도 다 죽었어."

"만해, 이해를 해줘야지 어떻게 하오? 조선어학회를 살리자니 도리가 없어 마지못해 그런 것 아니겠소."

물불을 가리지 않고 조선어학회 일에 전념하여 '물불'이

라는 별호도 지닌 고루 이극로의 구차한 변명에 만해는 코웃음을 쳤다.

"아니, 이 사람아, 어쩌면 그렇게도 어리석은가. 그렇게 한다고 해서 살아날 길이 있을 줄 아나? 죽으려면 고이 죽어야지."

아니나다를까. 그 뒤 조선어학회 사건으로 검거 선풍이 일자 물불은 주동자의 한 사람으로 가혹한 처벌을 면치 못했다.

일제 말기에 일본 총독부는 급기야 민족지에 대한 사형 선고를 내리기에 이르렀다. 당시 《동아일보》만이 성능 좋은 윤전기를 장만해놓고 있었는데 폐간 후 그것을 매각처분한다는 소문이 만해의 귓전에까지 전해졌다. 그는 황급히 인촌仁村 김성수 집으로 달려갔다.

"인촌, 듣자 하니 윤전기를 판다구요. 왜 인쇄기까지 팔아. 불원간 우리 마음대로 실컷 사용할 시기가 찾아올 줄 아는데……. 아무리 절망적인 때라 하여도 아주 처분만은 하지 마오. 기념품으로 창고에 둘망정 그것을 팔아 써야 하리만큼 돈이 궁한가?"

그의 강경한 항의에 인촌은 어리둥절한 채로,

"나는 몇 해 전부터 신문사 운영 일체를 송진우 씨에게 일임해 관여하지 않고 있다오?"

하고 얼버무릴 뿐이었다. 그런 지 몇 년 뒤, 광복의 날이 왔을 때 이미 1년 전에 세상을 떠난 만해의 예언대로 이 신문사로선 윤전기가 없어서 후회 막급이었다.

어느 때인가 고하古下 송진우가 자랑삼아서 만해 앞에서,

"《팔만대장경》을 읽어 봤는데……"

하는 말을 했다.

"그래? 고하는 그 책 쌓아 놓은 걸 어쩌다가 본 거나 아닌가?"

그러자 고하의 말문이 막혀버렸다는 일화다.

마곡사 조실 송만공 선사는 만해에 필적할 만한 당대 유일한 걸승이자 고승이었다. 서로는 언제나 의기가 상합했다. 선문 선답禪問禪答으로 시대적인 울분을 달랠 때도 있었지만, 투철한 민족 사상이나 남아다운 기개와 의기, 그리고 포부가 서로 비견되었다.

만공 스님은 곧잘 이렇게 공언하고는 했다.

"이 나라에 사람이 하나 반밖에 없는 것 같아."

하나는 만해를 의미했고, 반은 누구라는 지칭이 없었다.

만해도 만공을 언제나 좋아했다. 어디에서 만나든지 그들은 서로 의기가 맞아서 어울려 다니게 마련이었다. 심우장에서 곡차穀茶를 마시기 시작하면 밤이 새는 줄 모를 정도였다. 때로는 서울 장안이 좁구나, 하고 며칠을 술에 취해 지낸 적도 없지 않았다. 만공은 기운도 장사였고 만해 못지않게 호기가 넘쳤다.

고승 경허대사鏡虛大師의 제자인 만공과 함께 만해는 선맥禪脈을 이 땅에 중흥한 쌍벽이라 할 수 있다. 만공은 금강산

마하연 조실을 거쳐 공주 마곡사麻谷寺 주지를 지내고, 만년
에는 예산 수덕사修德寺를 지켰다. 대표적인 비구니인 법희法
喜 스님과 김일엽金一葉 스님을 아껴 지도하는 위치에 있기도
했지만, 만해의 대표적인 도반道伴이었다.

어느 날이었다. 만공은 다른 중들과 함께 총독의 초대를
받았다. 3·1본산本山 승려들이 모인 자리였다.

만공은 소탈하게 말문을 열어,

"우리가 지난날 갖은 탄압을 받으며 볼기 맞던 시절이 나
는 그립소. 그 시절엔 중들이 함부로 서울에 들어오지를 못
했는데 어떻게 이런 델 와보게 됐을까?"

하고 서두를 뗀 다음 계속하여 말했다.

"그때는 그래도 계율이 엄격했는데 우리네가 서울에 드나
들면서부터는 계율이 그 전만 못해졌거든. 왜 그리 됐느냐
하면 조선에 데라우치 총독이 취임해와서 사찰령寺刹令을
낸 뒤부터란 말요."

3·1본산 회의 석상은 갑자기 물을 끼얹은 듯이 조용해졌
다. 만공은 힘을 주어 말끝을 맺기를,

"그러면 우리 승려들이 계율을 파기했다는 죄로 지옥에
가게 된다 합시다. 그렇지만 미나미 총독께서는 무간 지옥無
間地獄으로 가겠습니까?"

했다. 퍽 엄숙한 자리였지만 비상한 법력法力이 담긴 발언이
었다.

이 말에 귀를 기울이던 사람 중 수원 용주사龍珠寺 강대련

姜大蓮 스님이 일어났다.

"스님, 왜 이런 망령이십니까? 여기가 어떤 지존한 자리라고 그런 말씀을 함부로 하십니까? 말씀 삼가십시오."

만공은 갑작스레 언성을 높였다.

"에이, 방정맞은 자로군! 언권言權이 지금은 내게 있는 시간이지, 네게 있는 시간이냐? 함부로 까불지 말고 썩 물러앉지 못해……."

분위기를 다시금 제압한 뒤에 만공이 입을 열었다.

"우리는 불교도로서 중생이 죄를 짓는 걸 제도濟度할 의무와 책임이 있소. 이미 데라우치 총독이 무간 지옥에 가게된 이 마당에 저 미나미 총독인들 무간 지옥을 면할 수 있겠소? 역시 저 총독이 우리를 이렇게 부른 의도는 전 총독이 하던 일을 계속하고자 하는 것 같으니 염려스럽소이다."

그 뒤 조선 총독 관저에서 베푸는 만찬회에는 합석하지 않은 만공이 심우장에 와서 털어놓은 이야기가 이상과 같았다. 만공은 계속하여,

"미나미 총독 같은 자는 이 세상에서 사라져 버려야 할텐데……."

라고 투덜거렸다. 만공은 항목별로 죄목을 열거하기도 했다.

하루는 백강白岡 이병우李炳宇와 만공의 제자인 박고봉朴古峰 스님 두 사람이 만공에게 제의했다.

"스님, 스님께선 여한이 없는 생애를 사셨으니 인제 다시총독을 만날 기회가 있다면 그자를 한번 해치우는 게 어떨

까요?"

"그렇게 하지."

만공은 거침없이 대답했다. 누가 알면 세상이 뒤집힐 모의였다. 만공이 곧 만해에게 달려와 그 자초지종을 말했다.

"이번에 내가 한번 그 거사를 하고자 하는데 만해는 어떻게 생각하나?"

한용운이 대꾸했다.

"만공, 그럴 필요가 있겠소? 내 말 좀 들어 보오. 그 뭐 시체가 다 되어 가는 사람에게 손을 대려 하다니……."

"시체라고?"

"얼마 안 있으면 그자의 운명도 끝장날 걸세. 쫓겨 가거나 자살하거나 할 텐데 무슨 생각을 그렇게 하나. 그 시체 다 된 놈에게 더러운 피를 흘리게 하여 어떻게 업業을 지으려오. 그런 생각만은 마오."

만해의 예언은 적중하여 몇 년 뒤에 일본은 패전 국가가 되었다.

그러나 만해 측근 인사들과는 달리 만공의 제자들이나 수덕사 승려들은 만공이 결코 폭력주의를 믿거나 내세운 일이 없고, 오히려 대자대비로 악한도 제도할 수 있다고 법문을 되풀이한 사실을 내세운다.

만해와의 법담에서도,

"미나미 총독 같은 자를 피묻혀 가며 제거할 필요가 어디 있겠나? 그가 갈 곳은 무간 지옥밖에 없는데……, 그 시체나 다름없는 것을 처치한들 뭐하나?"

라며 업보業報의 소멸부터 강조하는 만공이었다.

뿐만 아니라,

"사자는 그림자만 보여도 뭍짐승들이 벌벌 떤다네. 그깟 놈 가만 두어도 끝장이 날 줄 알고 혼좀 내준 것만으로 정신을 차린다면 다행일 걸세, 만해"

라는 해명으로 총독 앞에서 당당하게 법문을 토한 듯 대범한 자세로 할말을 하였고, 이에 만해는 크게 찬탄해 마지않았다.

언젠가 3·1본산 주지회의 때였다. 만해는 몇 차례나 강연 초청을 받고 거절하다가 마지못해 나가게 되었다.

"여러분, 여러분께서는 해마다 새해가 되면 총독 앞에 나가 세배를 하십니다. 조선을 통치하고 있는 총독의 얼굴을 직접 우러러본다는 것은 참으로 영광된 일이겠지요. 그리고 기회만 있으면 총독을 찾아가서 얘기를 하십시다."

이렇게 서두를 떼고 나서 만해는 좌중을 훑어본 다음,

"그런데 총독은 매우 바쁜 사람입니다. 조선 통치에 관한 온갖 결재를 하다 보면 변소 갈 시간도 없는 게 당연한 일일 겁니다. 여러분은 자비를 바탕으로 살아가는 스님이 아닙니까. 남의 생각도 해줘야지요. 조선 총독을 좀 편안케 해주시려거든 아예 만나지 마십시오. 부탁입니다"

하고 끝맺었다.

일제 말엽의 어느 날 제자 한 사람이 만해를 찾아왔다. 징병으로 끌려가 곤욕을 치러야 하는가 하는 문제로 스승의 의견을 구하고자 해서였다. 침통한 제자를 위로하면서 만해가 말하였다.

"징용 징병으로 끌고 간다 해서 크게 겁낼 거야 있겠나. 이제 와서 저들이 폭력과 무력으로 언론을 봉쇄하고 민중의 숨통을 틀어막으며 우리의 일거 일동을 탄압하는 것은, 한편으로 그 통치 자체가 그만큼 약해진다는 반증이니 자네는 어디 가서 피신해 있게나. 잠시 동안 그러노라면 무슨 일이 있을 걸세."

조국 광복에 대한 암시요, 예견이었다. 만해는 해방과 함께 올 민족 분열에 대한 예언을 한 부분도 있는데,

"지금 친일파들 이상으로 그때는 친미파親美派니 친소파親蘇派니 하는 게 나올 것 같은데 퍽 복잡할걸."

한숨을 쉬면서 계속하여 미래의 일을 통탄하기도 했다.

"제 나라를 위해 앞으로 일할 인물이 누구이겠나? 큰 혼란으로 난관에 봉착할 텐데 문제야. 지금 애국자로 자처하는 사람도 그리 오래 가진 못할 터이고 보면……."

단재 신채호 선생의 유고집을 간행하기로 하여 신백우申伯雨·박광朴洸·최범술崔凡述 등과 자료 수집을 해나갔다. 1942년의 일이었다. 그러나 1936년에 단재의 묘비를 세울 때보다 정세가 더욱 악화되어 있었다. 단재의 향리에 가서 묘비를 세울 때 오세창의 글씨를 받고, 그 모든 비용은《조선일보》

에서 받은 원고료로 충당한 만해였다. 민족사가民族史家이자 혁명 투사인 단재를 기념하는 문집을 간행하려는 일이 탄로되자 그 화는 제자에게 미쳤다. 그 건으로 효당曉堂 최범술이 경찰부 유치장 신세를 지게 되어 1년이 지나도록 풀려날 줄을 몰랐다. 단재는 누구 못지않게 적극적인 항일론자요 투쟁가였다. 민족주의의 드높은 봉우리인 신채호는 마침내 여순旅順 감옥에서 순국하기까지 한용운의 혈맹血盟이었다.

하루는 만해가 생화 한 다발을 들고 제자 효당을 면회하러 왔다. 문제의 요시찰 인사가 경찰부에 나타났으므로 일제 당국이 면회를 허용할 리가 없었다. 면회를 거절당한 만해는 생화를 그들 앞에 던져 놓고 그 자리를 떠났다. 출감한 후 최범술이 심우장으로 스승에게 인사드리러 갔다.

"선생님, 그때 생화를 유치장에까지 가지고 오신 것은 어찌 된 일이었습니까?"

"그건 자네가 입감入監해 있는 걸 축하하기 위해서였지……."

웃음을 자아내는 격조 높은 사랑의 표시였다.

그러나 그 뒤 최범술 스님 역시 다솔사 주지로 친일에 앞장서서 일정 말기에 조국 앞에, 스승 만해 앞에 부끄러움을 감출 길이 없게 되었다.

일제는 패망한다

만해는 감옥 안에서 이미 일제의 패망을 예견하였으며 출옥 후에도 수없이 변절해 가는 옛 동지들을 생각할 때마다 한 가닥 동정을 금하지 못하면서도 그들을 항상 천시賤視하였고 심지어 증오하였다. 상대가 거물급이면 거물급일수록 만해의 울분은 더욱 크지 않을 수 없어서,

"무엇 해먹을 것이 없어서 나라와 백성을 팔아 일신의 영화를 구한단 말인가. 죽일 놈들!"

이라고 욕하고는 했다. 더구나 독립 선언서의 작자요, 불교에도 조예가 깊어 심기心氣 상통하였던 육당이 조선 총독부에 굴복하여 다소의 물질로 호강을 한다는 소리를 듣고는 업신여기며 거들떠보지도 않았다.

후일에 애국지사 모씨가 육당 집에 가서 조사弔辭를 읽었다고 하는 유명한 이야기도 전한다. 만해는 어느 날 길에서 육당과 우연히 만나게 되었다.

"여, 만해, 오랜만일세."

"……."

만해는 육당을 힐끗 한번 쳐다보고는 아무 말 없이 그냥 지나쳐 버렸다.

육당은,

"이봐, 만해. 나야, 날세"

하고 만해의 뒤를 추격이라도 할 듯이 급히 쫓아갔다. 그때 만해는 획 되돌아보았다.

육당은 눈앞이 캄캄하였으나 어쩔 수 없는 일이었다. 그는 멍하니 만해가 사라져 가는 뒷모습을 바라보고 하염없이 서 있었다.

변절자 최린이 어느 날 성북동 심우장으로 한용운을 찾아왔다. 그날 따라 비가 내리는 날이었다. 최린은 대문을 두들기면서 주인을 불렀다.

"만해! 만해!"

방 안에서 제자 한 사람과 담소를 나누고 있던 만해는 찾아온 주인공이 누구라는 것을 대뜸 알아차렸다. 그는 방문을 살그머니 열고 안방을 향해 부인을 불렀다.

"여보! 여보!"

바느질을 하고 있던 부인은 무슨 일인가 싶기도 하고, 또 손님이 찾아왔는데 내다보지는 않고 왜 나를 부르는가 하는 생각을 하며 만해가 있는 방으로 건너갔다. 그는 부인을 향해 핀잔투로 말했다.

"꼬락서니조차 보기 싫은 사람이 날 찾는 모양인데 나가서 없다고 하구려."

아무 영문도 모르는 부인은,

"내 집 찾아온 손님을 어떻게 그리 할 수 있어요? 무슨 일인지 모르지만 나가 보세요"

할 수밖에 없었다.

"아무것도 모르거든 가만 있어! 시키는 대로 해요."

그러자 또 밖에서는 주인을 찾는 소리가 들려 왔다. 남편의 성질을 누구보다도 잘 아는 부인은 더 이야기하지 않고 밖으로 나갔다.

"볼일로 시내에 나가셨는데요."

"그렇습니까? 오랜만에 왔더니 마침 외출 중이시구만요."

그때 방에 있던 딸애가 문간으로 쫓아 나왔다.

소녀를 본 최린은,

"너 참 귀엽게 생겼구나. 몇 살이지?"

하고 물었다.

"……."

"몇 살이냐? 이름은 뭐구?"

"영숙이에요."

"아버지 닮아서 똑똑하구나."

최린은 안 호주머니를 뒤적뒤적하더니 100원짜리 지폐 한 장을 꺼내 주면서,

"옛다, 어른이 주는 거니 받아라"

하고는 재빨리 뒤돌아서는 것이었다. 안에 들어온 부인으로부터 최린이 방문한 전말을 들은 한용운은 버럭 화를 내었다.

"계집애가 방에 처박혀 있지 않고 왜 쫄랑대며 나갔어. 또 당신은 주책도 없소. 그걸 왜 받도록 놔뒀소? 어서 빨리 우산이나 내놔요."

비가 억수같이 퍼붓는 것을 무릅쓰고 그 길로 만해는 최린의 집을 찾아가 100원짜리 지폐를 되돌려주고 왔다.

그때 돈 100원이면 쌀을 열댓 가마나 살 수 있는 거액이었고, 그 당시 그는 끼니가 없어 고구마로 연명하고 있을 때였다.

만해는 평소에 아무리 절친한 사람이라 하더라도 일본말만 쓰는 것을 보면 두 번 다시 대면하지 않았다.

어느 날 재동齋洞에 있는 이백강의 집에서 조촐한 술좌석이 벌어졌다. 이 자리에는 김적음金寂音 스님을 비롯하여 몇몇 가까운 사람들이 자리하고 있었다.

술이 몇 차례 돌자 만해도 모처럼 유쾌해졌다.

그런데 잔이 거듭 오고가던 중 김적음 스님이,

"여러분 간빠이乾杯합시다"

라고 말했다.

그러자 갑자기 만해가 벌떡 일어나,

"적음, 그 말이 무슨 말인가? 무엇을 하자고? 어디 한 번 더 해봐!"

하고 노발대발했다.

만해 자신까지 짠맛을 잃을 수는 없는 일이어서 지옥고 이상의 무거운 짐을 지는 한이 있더라도 그로서는 끝까지 버틸 수밖에 없었다.

어느 날이었다. 종로 경찰서장 이사카伊坂란 가짜 일본인 윤종화尹鍾華가 방문해왔다.

그는 경기도 경찰부장과 《매일신보》《경성일보》의 두 기자를 대동하고 있었다.

뿐만 아니라 한 술 더 떠서 경무국 도서관 직원도 끼여 있었다. 그들은,

"선생님께서 학병들에게 한 말씀 신문에 써주시면 감사하겠습니다. 나라를 위하는 심정으로 써주십시오"
하고 회유하였다.

만해는 물론 이를 완강히 거부하였다. 그러자 그들은 협박조로 나왔으나 일단 물러설 수밖에 없었다.

며칠 후 그들이 다시 왔을 때도 만해는 여전히 전날과 같이 그들의 강요를 완강히 거부하였다. 만해는 거의 태산 반석처럼 요지부동이었다. 그들은 일단 후퇴하였다가 세번째로 다시 왔다. 그때에는 그들도 만해의 꿋꿋한 자세를 굽히게 할 수 없음을 알았기 때문에 방법을 달리하였다.

"이 종이에 존함 석 자만이라도 써주시오."

"여보, 내가 허수아비요?"
하고 한층 더 완강히 거부하였다. 그리고 다시 고함을 질렀다.

"내 모가지를 베어 가시오. 난 거기에 이름도 쓸 수 없소."
하였다. 가위 추상열일秋霜烈日의 기개와 같았다. 일제의 총검이 동양 천지를 뒤덮고 있을 그 당시에 만해의 이와 같은 자세는 실로 불요불굴不撓不屈의 기개 바로 그것이었다.

1939년 음력 7월 12일, 그는 회갑을 맞이했다. 동대문 밖 청량사淸涼寺에서 오세창·권동진·박광·이원혁·김관호 등 동지 및 후학後學들은 회갑연을 베풀어 만해를 즐겁게 했다. 이 자리에서,

바쁘게도 지나친
예순한 해
이 세상에선 소겁小劫같이
긴 생애런가.

세월이 흰 머리를
짧게 했건만

풍상인들 일편단심
어찌하리오.

가난을 달게 여겨
범골凡骨도 바뀐 듯하고

병을 버려 둔 채 사니
좋은 약방문 누가 알랴.

물 같은 내 여생은
그대여, 묻지 마오.
숲에 가득한 매미 소리
놀 향해 가는 몸을.

憁憁六十一年光

云是人間小劫桑

歲月縱令白髮短

風霜無奈丹心長

聽貧已覺換凡骨

任病誰知得妙方

流水餘生君莫問

蟬聲萬樹越斜陽

— 〈회갑일즉흥回甲日卽興〉

만해는 즉흥시를 지으며 살아온 생애의 느낀 바를 피력했다. 어떠한 풍상인들 그의 일편단심을 꺾을 수는 없었다. 그래서 그에게는 불타는 놀도 신성한 황금빛일 수밖에 없었다.

그 며칠 뒤에는 경남 사천군 곤명면 소재 다솔사多率寺로 내려가 최범술 등이 베푸는 축연에 초대되었다. 평생 사진 찍기를 꺼려해온 만해도 이때만은 카메라 앞에 모습을 드러냈다. 회갑 기념으로 찍은 사진 한 장에서 우리는 그의 만년의 표정을 겨우 엿보게 된다.

그는 한평생을 통해서 절대로 이 민족과 이 나라가 멸망한다고 생각해본 일이 없었다. 일제 말엽 최린·육당·춘원 등이 일제에 아부하고 날뛸 때였다. 어느 술자리에서 만해는,

"춘원 그 사람은 아주 단견短見이더군그래. 4천 년이나 끌어 온 민족이 그래 아주 망할 것 같아. 그 사람 꽤 재주가 있

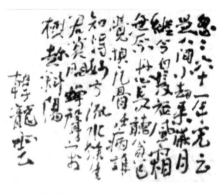

1939년 7월 회갑을 맞아 쓴 즉흥한시

는 성싶더니 그만 사람이 미쳤더군!" 하며 안타까워했다.

전국적으로 학병을 끌어내기 위한 발악이 한창일 때, 만해는 부민관府民館에서 연설을 하던 저명인사들을 지적하여,

"일본 망할 날이 며칠 안 남았는데 저것들이 도깨비 노름을 하는군!"

하며 혀를 찼다. 그는 이 나라가 광복된다는 굳은 믿음을 끝까지 버리지 않고 산 신념의 사람이었다.

만해가 신간회 경성 지회장支會長으로 있을 때 공문을 전국에 돌려야 할 일이 있었다. 그런데 인쇄해온 봉투 뒷면에는 일본 연호인 소화昭和 몇 년 며칠이란 글자가 찍혀 있었다. 이것을 본 만해는 아무 말 없이 천여 장이나 되는 봉투를 아궁이 속에 처넣어 태워 버렸다.

이 광경을 보고 있는 사람들에게, 만해는,

"소화昭和를 소화燒火해 버리니 시원하군!"

하는 한마디를 던지고 훌훌 사무실을 떠나 버렸다.

만해는 도산 안창호와 나라의 장래를 의논한 일이 있었다.

이때 도산은 우리가 독립을 하면, 나라의 정권을 서북西北 사람들이 맡아야 하며, 기호畿湖 사람들에게 맡길 수는 없다고 하였다.

만해가 그 이유를 묻자 도산은 이렇게 설명했다.

"기호 사람들이 500년 동안 정권을 잡고 일을 잘못했으니 그 죄가 크며, 서북 사람들은 500년 동안 박대薄待를 받아왔기 때문이오."

그 후부터 만해는 기껏 지방 분열을 부채질하는 도산의 속줍음을 알고 다시는 만나지 않았다.

춘원 이광수는 불교 소설을 쓰거나 소설에 불교에 관한 것을 인용할 때면 곧잘 만해를 찾곤 했다. 그리하여 그 교리의 옳고 그름을 물었다.

이같이 만해는 춘원과 서로 문학을 논하며 정신적인 교류를 해왔다.

창씨 개명을 한 뒤에 춘원이 어느 날 심우장으로 만해를 방문했다. 집 뜰에 들어서는 춘원을 본 만해는 춘원이 이미 창씨 개명한 것을 알고 있던 터라, 찾아온 인사도 하기 전에 그를 내다보고 노발대발하며,

"네 이놈, 보기 싫다. 다시는 내 눈앞에 나타나지 말아라"

하고 큰소리로 꾸짖었다.

춘원은 청천벽력 같은 이 말에 집에 들어가기는커녕 변명할 여지도 없이 무색한 낯으로 돌아가고 말았다.

만해는 일본 법원에서 변호사 노릇을 하는 것까지도 불쾌

하게 여겼다. 낭산朗山 김준연이 변호사 자격이 있음에도 그 것을 단념한 것을 보고 높이 평가했다.

"남들은 왜놈 고깔(法帽)을 쓰고 그 밑에서 돈을 벌지만 낭산은 돈이 없으면서도 그따위 고깔을 쓰지 않으니 신통 하군!"

철저한 항일 의식

'저울추'라는 별명을 들은 만해는 할말을 다하면서 결코 꺾여 본 적이 없었다.

어느 강연회에서든 무사안일하게 세월을 보내는 동포들의 경각심을 촉구하는 만해였다. 그가 구사하는 능변은 이야기 가 아니라 차라리 통곡이요, 비수라 해도 과언이 아니었다. 그러면 대체 만해는 어디서 이런 웅변술을 배웠던가. 너무 도 감탄한 나머지 어떤 친구가 한번 물었다.

"선생님께서는 대체 어디서 그런 화술을 배우셨나요?"

"하아, 남들은 날보고 말을 잘한다고들 합디다만 어디서 말공부를 특별히 한 적은 없습니다. 전에 《인명론因命論》이 하도 좋아서 그것을 많이 읽었어요. 그리고 기도를 조금 했 고……."

《인명론》이란 불교 교리를 가지고 논술한 일종의 불교 윤 리학이다. 말공부를 특별히 한 바 없었다 하나, 만해가 남몰 래 이 책을 천 번이나 읽었다 하니 그의 군은 결심과 끈기가 어떠했음은 상상키 어렵지 않다.

만해의 연설은 때때로 조용한 가운데 끝났다. 박수갈채가 터지는 흥분이 없을 때도 있으나 총독을 받들어주는 체, 불교인의 자비심을 강조하는 체하면서 실은 그의 말 가운데는 놀라운 가시가 들어 있음을 누구나 짐작하게끔 했다. 만해는 비록 의열단원義烈團員처럼 폭탄을 던지며 싸운 일은 없으나, 그는 암흑기의 조국에서 소금과 빛의 역할을 다했다.

때마침 총독부가 불교의 일본화를 추진할 무렵이다. 어용 단체인 3·1본산 주지회住持會가 결성되었는데 한용운은 여기에 억지로 끌려나가서 설법을 하게 되었다. 그 날 그의 설법은 어떠했나?

"……세상에서 제일 더러운 것은 무엇인고? 똥이겠지. 그럼 똥보다 더 더러운 것은? 송장이겠지. 나는 똥 옆에서는 음식을 먹었지만 송장 곁에서는 냄새가 역해서 차마 못 먹겠더군! 그런데 송장보다도 더 더러운 것은?"

한용운의 표정이 돌변했다. 그러고는 벼락같이 소리쳤다.

"그건 3·1본산 주지, 네놈들이다!"

어느 날이었다.

"이 댁에서는 왜 국경일에 일장기를 달지 않소?"

하고 반장이 큰소리로 나무랐다. 반상회에서 돌아오자 부인은 그 말을 만해에게 옮겼다.

"무엇이 어째? 일장기를 내 집에 달라고?"

하더니 벌컥 화를 냈다. 애국반愛國班과 남편 사이에 끼여서

곤혹스러운 부인은 투덜거리듯이 말했다.

"모르겠어요, 난! 이번 반상회에는 영감님이 나가세요."

만해가 또 화를 냈다.

"경을 칠! 반상회는 무슨 놈의 반상회야! 조선 잡아 먹는 것이 헌병 보조원이라더니 요샌 반장놈인가?"

만해는 과연 총독부를 등지고 사는 사람이었다.

어느 여름날이었다.

젊은 대학생들이 한용운을 찾았다.

"지금 삼남三南에 홍수가 범람했습니다. 선생님의 애국심을 저희들은 압니다. 얼마간 염출해주십시오."

넉넉지도 못한 살림인데 만해는 상당한 돈을 지출하면서 물었다.

"그 돈의 용처用處는 이재민을 구호하는 것뿐이겠지?"

"그렇게야 어디 되겠습니까? 얼마간의 국방 헌금은 해야죠. 그리고 나머지를 이재민 구호에⋯⋯."

"무엇이 어째? 이놈들!"

하고 그는 총알같이 쏘아댔다.

"그 돈 이리 도로 내놔!"

"⋯⋯."

"국방 헌금? 이놈들, 정신 똑바로 차려!"

돈을 빼앗긴 학생들은 쫓겨나고야 말았다.

일제 말엽, 친일파로 변절한 박희도가 하루는 한용운의 집을 방문했다. 외출 중이라기에 막 되돌아서려는데 문득

들리는 소리가 있었다. 한용운의 기침 소리였다.

어느 여름날이었다. 한 학교 옆을 지나가는데 만해는 부채로 얼굴을 가리고 그곳을 지나쳤다.

"선생님, 무슨 일이라도 있으십니까?"

"아니야. 변절자 썩는 냄새가 나서 그래."

그 학교는 당시 박희도가 맡고 있었다.

양양 군수를 좌천시키기도 했던 만해였건만 그러나 눈물이 없는 사람은 아니었다.

일송一松 김동삼이 옥사했을 때 선뜻 그의 시체를 인수해 갈 의인義人이 없었다. 일송은 국내에 연고자도 없었다. 그냥 두면 대학병원의 의과생들 해부용으로 제공되거나 그렇지 않으면 어쩔 수 없이 감옥 안 죄수들의 공동묘지 신세가 될 판이었다. 이에 만해는 용감히 나서서 일송의 시체를 성북동 심우장으로 옮겨 예양禮讓을 갖추어 후히 장사지냈다. 친구와 동지들이 모였다. 비통하게 옥사한 일송의 영혼을 위무했다. 이런 행동은 누구나 다 행할 수 있는 것 같지만 그리 용이한 문제가 아니었다. 일송과 만해는 만주 방랑시에 안면이 있을 뿐이었으나 만해는 열사를 대우하는 데 인색치 아니하였다.

김동삼은 1878년 6월 23일 경북 안동군 임하면 천전리에서 출생했다. 그는 의성義城 김씨이며 본명은 긍식肯植이고 자는 한경漢卿이었는데, 뒤에 만주에 가서 이름을 동삼, 자를 성지省之, 호를 일송一松이라 하였다.

김동삼은 만주에 건너가 경학사耕學社를 조직했으며, 1919년 3·1만세 운동 이후 상해에 임시정부가 수립될 때 참가하고 끝나자마자 곧 만주로 돌아왔다.

1923년 1월 3일 상해에서 대망의 '국민 대표 회의'가 개막되었다. 김동삼은 군정서 남만주 한인 대표로 참석했다. 개회 벽두 의장 선거에서 김동삼은 의장에 당선되었다.

그 후 '국민 대표 회의'는 반 년간을 두고 회의를 거듭했다. 일송은 의논 통합이 실현될 가망이 없어 보이자 그해 여름 돌연히 귀로에 올랐다.

이때 만주에서는 군정서를 비롯하여 대한 독립단·벽창의용대碧昌義勇隊·광복군 일영·평북 독판부督辦府·보합단輔合團·광한단光韓團 등 각 군단의 대표들이 환인현桓仁縣에 모여 남만통일회南滿統一會를 열고, 보다 효과적인 항일 운동을 전개하기 위하여 대동단결의 결실을 보아 '대한통군부大韓統軍府'를 조직하였다. 그리고 김동삼은 만장일치로 총장에 추대되었다.

그 후 약 1년이 지난 후 '임정주만참의부臨政駐滿參議府'라는 기관이 생겨 분열이 되었다. 그는 다시 재만 통합을 기도하여 1924년 7월 길림吉林에서 대표 25명이 회동하여 '정의부正義府'를 새로 결성하였다. 헌장 이념은 "인류 평등의 정의와 민족 생명의 정신으로써 광복 대업을 달성함을 목적으로 한다"고 하였다.

1927년이 되어 안창호의 독립 운동자 단결 강연회 초청을 받고, 만주의 동지가 한자리에 모이는 좋은 기회라 생각하여 길림으로 갔다. 여기에서 그는 불행히도 적의 첩보원의 탐지로 소위 길림 대검거 사건에 봉착하여 수십 일의 고난을 치르고 염석산閻錫山의 호의로 겨우 석방되었다.

1929년 11월 길림감군 희흡熙洽이 한교韓僑 대표를 소집하여 한·중 연합군 설치를 의논하겠다고 하므로 김동삼은 길림으로 갔다. 회의의 결과가 여의치 않자 돌아오던 중, 옛날 동지인 정진영鄭鎭永에게 가려고 하얼빈에 들렀다가 일본 영사관 경찰에 체포되었다.

그 후 신의주 감옥으로 이송, 다시 평양 법원에서 15년 형의 판결을 받고 서울 마포 감옥에 이송되었다. 그는 옥중 생활 8년의 세월을 보내다가 1937년 3월 3일에 예순 살을 일기로 순사殉死하였다.

일송의 죽음은 만해를 심한 허탈에 빠지게 했다. 그의 장례는 5일장으로 지내게 되었다. 일송의 아들이 만주에서 돌아올 때까지 기다려서 그 유해를 3월 8일에 안장했다.

만해는 그 후 기회 있을 때마다,

"이제 이 나라에 인물이 없게 되었어. 일송만한 이가 없었는데……"

하며 한숨짓곤 했다.

말하자면 일송은 만해가 기대한 최후의 1인이었다. 정인보·홍명희·김병로·이인 등 다수 인사가 심우장에 몰려들어 고인을 애도할 때 민족지를 자처하는 어느 신문사 계통의 인사들만은 전혀 나타나지 않았다.

이에 만해는 혀를 찼다.

"사람을 알아볼 줄 알아야지. 일송 같은 뛰어난 인격의 소유자를……."

만해는 젊은이들을 사랑할 뿐 아니라 모든 기대를 그들에게 걸었다. 따라서 젊은 후진들이 만해 자신보다 한 걸음 앞장서서 전진하기를 마음 깊이 바라고 있었다. 공부도 더 많이 하고 일도 더 많이 하여 자신과 같은 존재는 오히려 빛이 나지 않을 정도로 되기를 바랐었다.

그러므로 소심하고 무기력한 젊은이를 보면 심히 못마땅하게 여겼다. 더구나 술을 한 잔 하여 얼근히 취하면 괄괄한 성격에 불이 붙어, 젊은 사람들에게 사정없이 호통을 쳤다.

"이놈들아, 나를 매장시켜 봐. 나 같은 존재는 독립운동에 필요도 없을 정도로 네놈들이 앞서 나가 일해 봐!"

젊은이들 가운데 독립운동을 하다가 감옥에라도 가면 그를 격려했고 축하의 뜻까지 표했다.

만해는 어쩌다 술을 들어 거나하게 취하면 흥분한 어조로 다음과 같은 말을 곧잘 했다.

"만일 내가 단두대에 나감으로써 나라가 독립이 된다면 추호도 주저하지 않겠다."

어느 것에도 굴하지 않고

만해는 그의 강직한 성격 때문에 생활이 몹시 가난했다. 일제는 이런 사실을 기화奇貨로 하여 그에게 유혹의 손길을 뻗쳤다.

어느 날 한 청년이 목침덩이만한 보따리를 들고 선생을 찾아왔다. 그러고는 은근한 낯빛을 지으며 그 보따리를 만해 앞에 밀어 놓았다.

"선생님, 이거 얼마 안 되는 것입니다만 생활에 보태 쓰시라고 가져왔습니다."

그 돈의 액수가 얼마인지는 알 수가 없으나 상당한 액수임에는 틀림없었다.

"그런데 젊은이, 나를 이렇게 생각해주는 것은 고마우나, 그 돈은 대관절 누가 보낸 것이지?"

"저어, 실은 총독부에서 오라 해서 갔더니……."

"뭐라구!"

채 말끝이 떨어지기도 전에 만해의 낯빛은 갑자기 굳어졌다. 그 돈 보따리의 뜻이 무엇인지를 알았기 때문이다.

어느새 만해는 그 돈 보따리로 젊은이의 뺨을 후려치며,

"이놈! 젊은놈이 그따위 시시한 심부름이나 하고 다녀! 당장 나가!"

하고 소리쳤다. 젊은이는 아무 말도 못 하고 돌아갔다.

일제 말기에 저들은 더욱 가혹하게 한국인을 들볶고 온갖 탄압과 착취를 감행하였다. 최후까지 희망을 가져 보려

고 하던 인사들 사이에도 이제는 절망의 한숨소리가 날로 더 높아 갔으며 더러는 만해를 찾아가 탄식하기도 했다.

"무리 강포無理强暴는 자체미약自體微弱의 상징이니 필망必亡이 도래到來한다."

만해가 갈파했다. 그리고 그는 덧붙여,

"부족우야不足憂也라, 족히 우려할 바가 못 된다지"

하며 찾아간 사람을 위로했다.

만해는 늘 중요한 것이 실천이라고 강조했다. 어느 강연회에서,

"만일 좋은 이념을 가지고 있으면서도 실천을 하지 못한다면 그것은 좋은 씨앗이 있으면서도 심지 않고 봉지에 넣어 매달아 두는 것과 같다"

고 했다.

그러나 평소에 만해는 말이 적었다. 그래서 엄격한 인상을 주었다. 더구나 절개가 곧고 굳어서 조그만 잘못이나 불의도 용납하지 않았기 때문에 그를 두려워했다.

그러나 엄격한 반면에 따뜻한 면도 많았다. 그의 제자들이 늦게까지 만해의 얘기를 듣다가 방 한구석에 쓰러져 잠이 들었다가 새벽에 깨어나면, 자신이 따뜻한 아랫목에 누여져 있을 뿐만 아니라 이불까지 덮고 있는 것을 발견하고는 놀라서 만해를 찾으면 그는 윗목에서 꼼짝 않고 앉아 참선을 하는 것이 보통이었다.

일제 말기인 1941년 총독부는 우리나라 사람의 호적까지

를 고치기 위해 창씨 개명을 강요했다. 당시 90퍼센트가 창씨 개명을 끝냈다는 보도가 《매일신보》에 발표된 것을 보고 격분 끝에 자결한 사람이 있었다. 애국지사요 국문학자인 신명균申明均이다. 그는 병원에 입원하고 있었는데 이 한심한 창씨의 보도를 보고 격분하여 약을 먹고 스스로 목숨을 끊었던 것이다.

만해는 이 자결에 대해,

"그분의 직절直節은 찬양하지만, 자살이란 종교상의 죄가 될 뿐 아니라 자기의 격분이나 비관이나 혹은 공도를 참지 못하는 심적心的 변화의 발로이니 높이 평가할 것은 못 된다. 나라를 잃고 자살한 것이 충忠이라 하나 이것은 비겁 자책自責 혹은 실망의 극치이기도 하다. 예컨대 파산했다고 부모가 자살한다면 그 유아遺兒들이 비참해지는 것과 같이 후인에게 불행을 주는 일이다"

라고 말했다.

일제는 충남 부여에 대해서는 큰 선심을 썼다. 그러나 그것은 물론 부여 자체를 신성시해서 그랬던 것이 아니다. 그 이유는 백제 때 우리가 일본에 건너가 그 문화에 여러모로 영향을 끼쳤던 사실을 역이용하여 한민족 말살 정책의 한 방편으로 삼고자 함이었다.

즉, 한국민족과 일본민족은 그때부터 하나의 공동 운명 속에서 살아왔고, 따라서 한 나라가 될 숙명을 이미 내포하고 있었다는 것을 강조하기 위함이었다. 그리고 이러한 논리를 더욱 효과적으로 선전키 위해 그들은 부여扶餘를 하나의 성지聖地로 정해놓고, 여기다가 소위 부여 신궁神宮이란 것을 짓고 있었다. 그래서 당시에 '근로 보국대'라는 일종의 전시 동원 단체에 흡수되어 있던 우리나라 젊은이들을 번갈아 가며 이 부여 신궁 짓는 일에 징발하였다.

제2차 세계대전이 한참 치열하게 불붙고 있던 일제 말기의 일이다. 바로 이러한 때 홍릉 청량사에서 하나의 사건이 벌어졌다. 어떤 사람의 생일잔치가 여기서 베풀어졌다. 손님 가운데는 저명인사들이 많이 있었다. 만해도 손님 가운데 한 사람이었다. 그런데 바로 이 자리에 함께 초대된 정 모씨의 주책없는 말 한마디 때문에 잔치의 분위기는 그만 깨어지고 말았다. 중추원 참의로 있던 모씨의 말인즉 이러했다.

"이번에 부여 신궁 낙성식엘 가보지 않았겠나. 그랬더니 과연 서민자래庶民子來라 할 만하더군요."

'서민자래'란 유덕한 임금 밑에 서민들이 스스로 모여든다는 뜻으로 《시경》에 있는 말이다. 물을 것도 없이 일제를 사뭇 찬양하는 뜻으로 쓴 말이었다.

이 사람도 아마 글줄이나 읽어 본 선비였던 모양이다. 그러나 그의 말을 듣고 있던 만해의 얼굴엔 핏기가 서렸다.

"아들이 아비 일에 가는 서민자래라니!"

만해는 옆의 친구에게 그가 누구냐고 물었다."

"아직 모르나? 중추원 참의 정 선생이야. 인사나 하고 지내지."

"인사? 암, 인사하지. 야! 이 정가야, 내가 한용운이다. 이리 와서 얘기 좀 하자."

갑자기 당하는 일에 정 모는 자못 얼떨떨했다. 만해는 계속해 욕설을 퍼부었다. 한 잔 마신 끝이라 말씨가 매우 거칠었다.

"야, 이놈아. 글줄이나 읽은 놈이 더구나 양반집 자식이 고작 지껄이는 게 그따위야. 서민자래가 그런 데 쓰라고 있는 문잔 줄 아나?"

팔을 불끈 걷어붙인 만해는 앞뒤 가릴 것 없이 그 친구의 면상을 후려갈겨 정 모의 얼굴에는 피가 흘렀다. 다시 멱살을 휘어잡고는 좌중을 향해 외쳤다.

"여러분, 오늘 이 자식을 없애 버립시다. 가만 놔두면 딴데 가서 또 나불댈 거란 말이오."

그러나 손님들이 뜯어말리는 바람에 싸움은 일단 끝이 났고, 만해는 그 길로 청량사를 돌아오고 말았다. 이 일에 벽초 홍명희는 너무나 통쾌하여 박수를 치기까지 하였다.

만해는 이렇게 지나치리만큼 과격한 성격 때문에 비난을 받는 일도 있었다.

한번은 안국동 선학원禪學院에 있을 때 남천南泉 스님과 말다툼을 했다. 발단은 뭐 그리 대단치도 않은 일이었다. 그런데 만해도 물론 고집이 세었지만 남천 역시 보통 고집이 아니어서 두 사람은 서로 3년 동안이나 말을 하지 않았다. 선학원은 그리 크지도 않은 집이고 더구나 조석으로 만나고 침식을 같이하면서 3년씩이나 말을 하지 않았다면 그 고집이 얼마나 세었던가를 짐작할 수가 있다. 그러나 그가 끝까지 지조를 굽히지 않았던 것도 실상은 이런 고집통이가 있어서 가능한 일이었다.

일제 치하에 있던 우리 민족으로 하여금 늘 '꺼지지 않는 불꽃'을 바라볼 수 있게 하였던 것 또한 이렇게 곧은 지조와 매운 절개가 있었기 때문이었다고 본다.

해방 전 4월 29일이면 천장절天長節이란 명절이었다. 일제의 소위 천황이 태어난 날을 경축하는 뜻으로 제정된 날이다. 그런데 이 천장절은 저들만의 명절이 아니라 한국 사람까지 똑같이 즐기고 경축할 것을 강요하는 저들의 식민지 정책의 일환이었다. 나라 망한 것도 억울한데 천장절까지 지키라는 억압은 당대의 뜻있는 인사들로서는 도저히 참을 수 없는 노릇이었다. 그래서 이 천장절 날이면 으레 이상야릇한 사건이 벌어지게 마련이었던 것은 결코 놀라운 일이 아니었다.

어느 해인가 혜화동에 있던 불교 전문학교에서 예의 4월 29일에 아주 희한한 사건이 하나 발생했다. 이 날 아침, 전문학교 교장쯤 되고 보면 으레 학생들 앞에서 정중한 축사 몇 마디쯤은 해야 하는 것이 일반적인 상식이었지만, 어찌된 셈인지 이 날 연단에 올라선 교장의 연설은 너무도 짧고 간단명료했다.

"아아, 그란디 여러분, 오늘이 바로 일본 천황 생일이라 하니 잘들 쉬어요."

남도 사투리에 특유한 어조의 이 경축사는 순식간에 끝이 나고 말았다.

학생들은 폭소를 터뜨렸고 교직원들의 얼굴에는 불안한 빛이 감돌았다. 그러나 남이야 어찌 생각하든 이 교장은 할소리는 다하였다는 담담한 표정으로 유유히 연단을 내려왔다. 장본인은 석전石顚 박한영이었다. 그는 당대 불교계의 거벽巨擘으로 육당 최남선·위당爲堂 정인보 등의 석학碩學들이 평생토록 따르고 사모했던 문제의 인물이었다. 아무튼 천장절이란 우리 민족에게 야릇한 감정과 적개심을 일으키는 날이었다. 윤봉길尹奉吉 의사가 상해에서 시라카와 대장大將을 폭사爆死시켜 버린 이른바 홍구공원虹口公園 사건도 바로 이 4월 29일에 일어났고 보면, 천장절이란 우리 겨레에게는 미상불 충격을 안겨주는 날이었다.

1943년 4월 29일, 만해가 입적하기 바로 전해의 천장절이었다. 이 날 동회의 서기가 찾아왔다.

"선생님, 저어, 오늘 조선 신궁에 좀 다녀오셔야겠습니다."

"난 못 가겠소."

"어째서 못 가십니까?"

"좌우간 못 가겠소."

"좌우간 못 가다니요? 그런 법이 어디 있나요?"

"그런 법이 어디 있다니? 그럼 왜놈은 법이 있어 남의 나랄 먹었나?"

동회 서기는 어안이벙벙했다. 그러나 만해가 워낙 그런 인물인 줄 아는 터라 그는 다소 양보를 했다.

"그럼 기旗라도 다시지요."

"그것도 못 하겠소. 일장기는 우리 집에 있지도 않구……."

"자꾸 그렇게만 말씀하시면 곤란합니다. 배급 통장을 빼앗긴다니까요."

"옳지, 거 참 좋소. 배급 통장은 여기 있네."

만해는 선뜻 배급 통장을 던지다시피 내어 주면서,

"이제부턴 그따위 심부름일랑 두 번 다시 오지 마소"

라고 잘라서 말했다.

《불교》잡지에 관여하던 어느 날이었다. 홀연 식산 은행殖産銀行에서 연락이 오기를,

"도장을 가지고 내방해주시오"

라는 급보였다. 그러나 그는 모르는 체할 뿐이었다.

그러자 얼마 후 은행측에서 사람이 달려왔다. 그는 만해 앞에 서류 뭉치를 디밀었다.

"무슨 일인가?"

"선생님, 이 근처 성북정 일대의 땅 20만 평을 무상으로 분배해드리려는 겁니다. 여기 도장만 찍으시면 곧 선생님 재산이 됩니다."

만해는 그를 더 이상 거들떠보려고도 아니하고,

"에이, 이 사람아! 나 그런 것 모른다네"

하며 곧 돌려보냈다.

그 누구도 만해를 회유할 수는 없었다. 매서운 뜻을 굽히게 하진 못했다.

학자로서 만해

1936년 7월 16일 만해는 당대의 석학 정인보·안재홍 등과 시내 공평동 소재 태서관泰西館에서 다산茶山 정약용丁若鏞 선생 서거 100주년 기념회를 윤치호·김성수·백남운 등과 함께 개최하는 한편 문필 활동을 쉬지 않았다. 다산을 비롯하여 단재와 일송을 추모하는 데 앞장선 만해의 뜻은 오로지 민족주의의 선양에 있었다.

앞서 1931년 가을에는 윤치호·신흥우 등과 나병 구제 연구소를 조직하고 여수·대구·부산 등지에 간이 수용소 설치를 결의한 바 있고, 청년 법려 비밀결사 만당卍黨의 영수로 추대되면서 이듬해에는 불교계를 대표하는 인물 투표에서 422표라는 압도적인 득표로 제1인자가 된 일도 있다. 명망 있는 고승高僧 방한암方漢巖 선사는 그때 18표밖에 얻지 못하였다.

일찍이 1917년 봄에《정선강의 채근담精選講義 菜根譚》을 편찬한 그는 누구에게나 본받을 그런 처신을 했던 모양이다.

일본 제국주의는 그들의 말마따나 천양무궁天壤無窮으로 발전하는 듯하였다.

동양 천지는 모두가 일제의 영토가 되어 가는 듯하였고

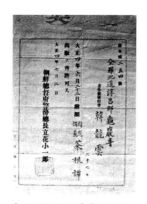

《정선강의 채근담》출판허가증
한용운의 처세관을 피력한
저서로서 1917년 4월 6일
동양서원에서 발행되었다.

사실 그들의 성세聲勢는 날로 높아 갔다. 군국주의의 극성기極盛期가 된 셈이다.

한인들 중에는 이에 일본의 멸망을 바라느니 차라리 일본에 적극적으로 협력하여 구명도생求命圖生함만 같지 못하다고 생각하는 사람들이 생기게 되었다. 인심의 추세 또한 그러하였다. 천하는 넓다 하되 다 일제의 땅 아닌 게 없고, 우주는 그 아무리 호한浩汗하다 해도 5척 단구短軀를 용납할 길이 없었다.

뜻있는 사람은 영원히 초야草野에 묻혀 세월을 한탄할 수밖에 없었다. 만해는 깊고 깊은 산협山峽 심우장에 묻혀 세상에 나오지 아니하였다. 일본 제국주의자들은 한국의 거물들을 거의 다 위협하여 굴복시켜 자신들의 이용물로 하였을 뿐 아니라 협력 체제로서, 동화체同化體로서 이용하였는데, 몇몇 거물만이 움직이지 아니하였다. 그래서 일제는 '돈으로 움직이지 않으면 협박으로서 하고 협박에 움직이지 않으면 계집이나 황금으로 회유하여야 한다'는 원칙을 세운 모양이었다.

우가키 총독 때였다. 이자는 상당히 폭이 넓은 위인으로 한국의 웬만한 민족 운동자들을 다소 돌보아주는 체했다.

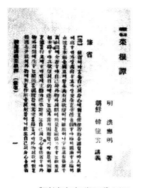 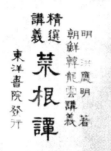

《정선강의 채근담》본문   《정선강의 채근담》속표지

몽양夢陽 여운형呂運亨이 그의 비호 아래 다소의 활동을 하
였던 것은 세인世人이 다 아는 사실이다.

당시 우가키는 우선 심전心田 개발 운동에 동원하라는 지
령을 내렸다.

우가키의 특명을 받고 하루는 경무국에서 심우장으로 만
해를 찾아와서 심전 개발 운동을 종용하였다. 이때 만해는
일언지하一言之下에 이를 거절하였다.

그 거절하는 방법이 너무도 임제선적臨濟禪的이었다.

　마음 이것은 무엇이며 밭은 어느 곳에 있는가
　마침내 깊은 곳에 있어 갈음이 상당하구나, 이놈!

　心是何物 田在何處
　畢竟在甚 磨處相當咄!

우가키는 이 소리를 전해 듣고,

"한국에도 이와 같은 고승高僧이 있었구나!"

하고 감탄하면서 만해를 그들 편으로 끌어들이기 위해 부심腐心하였다. 그리하여 한번은 국유림 불하로 당시 돈으로 일거에 10만 원의 대금이 생기는 이권을 가지고 와서 조석거리가 없는 만해 앞에 제시하였다.

10만 원이면 요즘 돈으로 환산하면 수억대는 된다. 만해는 고소를 금치 못하였다. 푸른 먼 산을 바라보았다. 푸른 산 소나무가 그지없이 청청하였다.

"난 돈이 필요 없는 사람이라네. 그래, 청년은 할 일이 없어서 이따위 심부름이나 다니나?"

한마디로 따끔하게 거절해 버렸다. 당시의 모든 사람이 민족적 수치 속에서 빈사 상태에 놓여 있을 때 오직 살아 있는 사람은 만해 한 사람뿐인 듯했다. 모든 불이 꺼졌을 때도 그는 홀로 타는 불꽃이었다. 마지막 성스러운 불꽃은 바로 만해 그 사람이었다.

만해는 늘 참선參禪을 하고 독립운동을 하는 데 여념이 없었지만 몇 가지 취미를 지니고 있었다. 우선 금붕어 기르기를 무척 좋아했다. 강석주 스님의 말에 의하면 선학원에 있을 때 늘 손수 어항의 물을 갈아주었다고 한다.

또한 만해는 화초 가꾸기를 매우 즐겼다. 심우장 뜰에는 만해가 가꾼 화초들로 가득하여 봄부터 가을까지 꽃이 피어 있지 않은 날이 없었으며 화초는 매화·난초 이외에 개나리·진달래·코스모스·백일홍·국화 등이었다.

그는 서화書畵에도 취미가 있었다. 그의 붓글씨는 탈속脫俗한 일가一家를 이루고 있다. 오세창·김진우·고희동·안종원·김은호 등의 서화가들과 격의 없이 가까이 지냈으며 또 그의 집에는 오세창의 현판 글씨와 김은호의 몇 점의 그림 등이 걸려 있었다.

그가 한국 서화에 관한 글을 쓴 것도 이러한 취미와 관련된 것 같다. 어느 날 심우장에서 참선을 하고 있던 만해를 한 기자가 찾아갔을 때, 그는 이렇게 자신의 생활을 털어놓았다.

"내게는 고적孤寂이라든지 침울이라는 것이 통 없지요. 한 달 잡고 내내 조용히 앉아 있어도 심심치가 않아요. 무애자재無碍自在하는 이 생활에서 무엇을 탓하며 무슨 불안을 느끼겠소……."

만해는 이런 달관의 경지에서 금붕어를 기르고 꽃을 사랑하며 서화를 즐겼다.

하루는 학병을 나가게 된 청년 일행이 찾아왔다.

"자네들 지원해놓고 왜 나를 찾아왔지?"

"최후로 선생님의 교훈을 받고자 하여 찾아왔습니다."

"……."

이윽고 만해는

"으흐흐흑……"

하고 소리내어 울었다. 그것은 바로 통곡이었다. 단장斷腸의

오열이었다. 학생들도 따라 울고 만해는 목이 쉬도록 울었다. 한참 후,

"개죽음이나 하지들 말게나"

하는 그의 말에는 곡진曲盡한 기구祈求가 스며 있었다.

"총부리를 왜倭로 향해 쏘아대게."

그는 바로 이 말을 하고 싶었는지도 모른다.

그 후 그 학생들은 대부분 중경重慶으로 우리 임시정부를 찾아가서 총부리를 일제에 향하여 겨누었다는 소식이 전해졌다.

앞서 1932년에 그는 통도사로 내려가 얼마 동안 보광중학에서 강의를 할 때였다. 여기에서 《월남 망국사》 얘기를 인용했다. 한참 비분강개한 어조로 말하다가 그는 드디어 눈물까지 뚝뚝 떨어뜨렸다. 학인學人들도 울었다. 강당은 잠시 승화된 민족 감정 속에 비장한 기운이 감돌았다. 만해는 그의 한평생을 오직 '님'만을 찾고 부르고 생각하며 살아간 사람이었다. '님'이란 그에게 있어서 조국이며 겨레요, 중생이며 불법이었고, 역사 자체였다. 사랑 그것이었다. 대아적大我的인 깨달음이었다.

"님만 님이 아니라 기리는 님은 다 님이다"라는 말 속에서 만해가 생각한 님은 중생의 한부분인 겨레요, 나아가서는 그 겨레를 바탕으로 하는 조국이었다.

한편 일본은 패색이 완연해지자 식민지인 이 나라의 총동원을 바라고 있었다. 일제는 승전勝戰한 후에 봐주겠는 식

의 감언이설甘言利說로 한국인을 모든 활동에 강제 동원하였다. 즉 지원병 제도·징병 제도·학병 제도·철물 공출·금은 공출 등의 최후적 발악을 다 부렸고, 철물 공출에는 집안 대대로 쓰던 제기祭器와 제명祭皿까지 모조리 거뒀다. 놀라운 일이 아닐 수 없었다. 뿐만 아니라 일본은 이 나라의 고유한 것을 모조리 없애려고 하였다. 그러나 심우장의 만해는 끄떡도 하지 않았다.

당시 《조선일보》 사장 방응모는 만해의 이런 면을 누구보다 추앙해 마지않았다. 날로 쇠약해지는 만해의 건강을 염려해서 손수 약을 지어 온 적도 한두 번이 아니었다.

맨 처음 벽초의 소개로 알게 된 방 사장을 만해는 처음엔 탐탁치 않게 여겼다.

"만해, 《조선일보》 방응모 사장이 한번 찾아와서 인사드리고 싶어 하는데?"

"그런 사람 만나서 뭐 하겠나, 벽초."

그는 일소에 붙였으나 사상적으로 서로 통하는 홍벽초의 제의를 끝까지 물리칠 수만도 없었다. 그런 뒤 어느 날, 벽초의 안내로 심우장에 온 계초와 만해는 가까이 접촉하게 되었다.

방응모는 음으로 양으로 만해의 생활을 극진히 보살폈다.

돈을 보내어 생활비에 충당하게 하는가 하면 보약을 보내기도 했다. 그러한 심부름은 비서 이갑섭이 도맡다시피 했다.

언젠가는 이 비서로 하여금 귀한 녹용을 심우장에 전달

케 하여 만해와 그 측근자들로 하여금 고마움의 눈시울을 적시게 했다.

일제 말기에 만공과 만해는 함께 경허 스님의 법어집法語集을 펴낸 선승이었다. 1944년에 만해가 세상을 떠나자 만공은 한 팔을 잃은 듯 허전함을 누를 길이 없었다. 도반道伴 없는 서울은 삭막하기만 했다.

"만해가 없는데 서울은 가서 무얼해. 서울엔 만해밖에 없었지."

6. 영생의 불꽃

민족의 불꽃으로 남아

만해 한용운은 목숨이 다하도록 님을 찾다가 마침내는 님이 되었다. 그가 살고 간 길 도처에서 우리는 님과 만날 수 있다. 한민족의 찬연한 빛이며 영원한 님인 만해의 만년은 일제 말기였다.

당시 그는 적극적인 항일에 나선 것은 아니었지만, 그래도 그 시절엔 끝까지 지조를 지킨 거의 유일한 민족주의자였다. 승려로서 불교 근대화에 앞장서 왔고, 독립운동에 앞장선 민중의 정신적 지도자로서, 근대 문학을 한단계 끌어올린 문필가로서, 만해는 실천하는 양심을 지닌 사람으로 문화와 역사를 가꾸며 온 생애를 두고 태운 그의 불꽃은 꺼질 줄 모르는, 지성의 향기를 풍긴다.

1944년 초여름, 남달리 건강하던 만해에게도 최후의 순간이 임박해왔다. 그는 언제나 민족 해방을 갈구하기에 몸을 돌보지 않을 때가 많았다. 전쟁 말기의 일제 통치에 시달릴 대로 시달린 그는 신경통이 악화된 데다가 영양실조가 겹쳐 극도로 쇠약해진 몸이었다. 잠마저 제대로 들지 못하고

기도로 밤이 새는 줄도 모를 때가 많았다. 겨울에도 언제나 냉방에서 거처한 그는 참선 생활을 하며 해탈의 경지를 넘나들고는 했다.

"부처님, 저희는 박복한 나라에 태어났습니다. 이 약소 민족에게 서광이 되어주소서."

이렇게 그는 축원하면서 밤을 밝혔다. 그뿐 아니라 식음을 전폐하는 일도 잦아졌다. 그의 육신은 점차로 허물어져 갔다.

어느 날 아침이었다. 여느 때와 같이 만해는 비를 들고 청소를 하던 중 갑작기 졸도하였다. 그리고 얼마 후에야 깨어났다.

"몸이 괴롭구나!"

누워 지내다가 다소 차도가 있어 지팡이를 짚고 마당 출입은 했다. 6월 초순 무렵이었다. 며칠을 그런 대로 견디며 보낼 수 있었다.

그러나 갑자기 건강이 더욱 나빠졌다. 숨막히는 외부적인 상황과 영양실조로 신경통이 악화되어 곤란을 겪을 때, 적음 스님이 와서 몇 차례 침을 놓기도 했지만 여전히 혼수 상태를 면치 못했다.

밤이었다. 일본 군국주의의 어둠이 무르익어 가는 밤, 공습 경보가 울렸다. 만해는 집안 식구들에게,

"창문에 휘장을 내려 쳐. 어서 검은 휘장을!"

하고는 자리에 누웠다. 그 뒤로 그는 단 한마디의 말도 하지

않았다. 다음날 한낮이 지나고 오후가 왔다. 초저녁이 되었다. 6월 29일이었다. 밤의 검은 휘장이 내려졌을 때 영혼은 이미 그의 고달픈 육신을 떨구었다.

그는 임종 때 유언을 남기지 않았으나 위대한 생애로써 거룩한 목소리를 우리 역사 구석구석에 남겼다. 우리 가슴에 심어준 그의 뜻은 불멸의 것이다. 불교 근대화의 헌장인 《조선불교유신론》, 민족 해방의 선언문인 〈조선 독립 이유서〉 그리고 세기적인 시문학의 금자탑 《님의 침묵》은 그대로 만해의 정신을 담은 유언이다.

한마디 유언이나 기침 소리도 없이 우리의 님 만해는 여름날 초저녁에 자는 듯 숨을 거두었다. 그의 장례는 5일장이었다. 만해에 대한 일제의 압제는 그의 장례식까지 감시하려 들었다.

도무지 식을 줄 모르는 얼굴로 열반에 든 만해였다. 붉게 상기된 그의 얼굴은 송만공 스님과 곡차를 마시고 잠이 든 그런 모습이었다.

법랍法臘 40년 향년 66세를 일기로 잠든 연꽃 같은 모습의 만해를 추도하고자 평소에 그를 경모하고 동지로 삼아 온 민족지사들이 심우장으로 달려와 조문을 하며 명복을 빌었다. 홍명희·정인보·여운형·김병로·이인·박광 등을 비롯하여 애제자들 다수가 그의 곁을 떠날 줄 몰랐다.

"선생의 장례를 지내야 할 텐데 생시의 저 모습을 어떻게 염하나? 안 하고 그대로 추도식을 올릴 수도 없고……."

사람들은 열반에 든 만해를 마지못해 염습하기는 했다. 만공 스님 같은 분과 술을 마시며 환담을 하다가 잠깐 잠이 든 것 같은 그를 다비식茶毘式에 모시기에는 눈물겨웠다. 중생의 불꽃인 그를 땅에 묻어야 하는 가누기 어려운 슬픔이었다.

많은 조객들이 그를 애도해 마지않았다. 민족의 빛인 만해를 위해서뿐만 아니라 어둠을 맞이하게 된 스스로를 위하여 애도의 눈물을 떨구었다. 스승에게 잘못을 저지른 제자는 더욱 흐느꼈다. 변절을 했다 하여 만해 앞에서 질책을 당했던 사람일수록 더욱 소리내어 울었다. 만해의 인격적 감화가 미친 감격적인 장면이었다.

만해는 갔으나……

일본 군국주의가 최후 발악을 하여 세계 대전이 한창 아시아 전역을 휩쓸 때였다.

민족 반역의 요화妖花 배정자裵貞子가 심우장이 자리잡은 성북동 아랫마을에 살고 있었던 모양이다. 일찍이 이토 히로부미의 양녀가 되어 고급 밀정으로 비밀리에 활약한 여인이었다. 관상대장을 지낸 바 있는 국채표의 부친 국수열이 자주 심우장을 드나들었다. 만해와는 서로 퍽 친숙한 사이여서 거의 하루도 거르는 일 없이 심우장을 다녀가곤 했다.

전남 담양潭陽 출신인 국씨네 가세는 당시로선 괜찮은 형편이기도 했고, 같은 마을에 살면서 만해를 잘 아는 처지니까 발길이 잦은 편이었다.

어느 날 소남 국수열이 심우장에 오자마자 한마디 던졌다.

"올라오다가 보니까 일주一洲가 배정자 집에서 그림을 그리고 있더군. 대(竹)를 그리나 보더군."

일주는 금강산인金剛山人이라고도 불리는 당대의 저명한 화가 김진우를 말함이었다. 그는 죽화竹畵의 명인으로 손꼽힐 뿐만 아니라, 그 시절 일제 말기에도 민족 사상가를 이해하는 축에 들었다.

평소에 일주 화백과 교분이 있는 만해로서는 참으로 뜻밖의 일이었다.

"아니, 소남이 사람을 잘못 보고 왔지. 아무래도 잘못 봤어. 그럴 리가 있나? 소남이 잘못 보고 온 게야. 그런 말로 애매한 사람을 잡으면 어떻게 하겠나?"

"아니, 만해, 내가 조금 전에 그 집 앞을 지나치며, 서로 인사까지 주고받은걸."

적지않이 놀라는 눈치였다. 만해는 평소에 이렇다 할 결함이 없이 살아온 일주 화백을 아끼는 뜻에서 반신 반의했다. 조금도 그를 괴롭힐 생각이 없었다.

하지만 국수열의 말이 사실이라면 용납될 수 없는 처사였다.

"그럼, 내가 잠깐 가봐야 되겠군. 잠깐 갔다오겠으니 기다리게나."

만해는 맨발에 신짝을 끌고 그냥 아랫마을로 달음질쳐 내려가는 것이었다. 마침 소남과 동석해 있던 후학 해오 김관호는 불현듯 걱정스러워졌다.

"저러다간 또 일주가 벼락맞지나 않겠나? 무슨 일이 날 것만 같소이다."

그는 만해가 간 곳을 쫓아가려 했다.

"아니, 조금 두고봅시다."

두 사람은 이런 얘기 저런 얘기를 나누면서 주인이 돌아오기를 기다렸다.

한 시간 가까이나 되어서 만해는 가쁜 숨을 몰아 쉬며 언덕배기 심우장에 들어섰다. 소남이 묻는다.

"그래 배정자의 집에서 무슨 잔치라도 치르고 오시는 길이오?"

"소남, 그러잖아도 큰 상을 받고 후한 대접을 받았지……."

만해의 입가에 의미 있는 웃음이 감돌았다.

"아, 어서 속 시원히 얘기 좀 해봐요, 만해. 무슨 일이 있었기에?"

만해는 웃기만 한다.

"아니, 배정자 집을 알기나 했소?"

"뭐, 근처에 가서 아이들한테 물어보니까 가르쳐주더군. 그래, 그 집 문을 두드리자……."

마침 배정자가 나왔다. 만해는 그녀를 몰랐지만 여주인은 손님이 누구라는 걸 알아본 눈치였다. 초면인데도 접대가 이만저만이 아니었다. 귀빈에 대한 예우를 깍듯이 하는 배정자였다. 만해는 아무 소리 없이 못 이기는 체하고 안내를 받아 울 안으로 발걸음을 옮겨 놓았다. 일주가 죽화竹畵를 치고 있는 현장이었다. 화폭畵幅을 걸어 놓고 야단이었다. 만해는 일주한테도 말 한마디 없이 돌부처가 된 듯 멍청하게 마루에 걸터앉아 있었다.

일제 말기인 당시는 전쟁 때여서 서울 장안에 생활용품이 없어 쩔쩔맬 때였다. 생활 형편들이 말이 아닌 때인데도 배정자 집은 호화판이었다. 없는 물건이 없었다. 순식간에 진수 성찬을 차려 내왔다.

"아따, 그년 참 잘 살더군. 우리 백성의 피를 짜낸 진수 성찬이지 뭐야. 음식상이 들어오는데 고기 반찬 등속은 말할 것 없고 신선로까지 상 그득히 들어왔어. 빨리도 차렸으려니와 언제부터 그런 물건들만 쌓아두고 먹는지 놀라운 일이더군."

만해는 이를 바라보기만 했다. 우리의 돌부처는 좀처럼 한마디 말도 꺼내려 들지 않았다. 일주 화백이 멋적은 표정을 지으며, 정중하게 술 한 잔을 따라 만해 앞에 놓는다.

"이거 한 잔 듭시다."

순간 만해의 눈앞에선 번갯불이 번쩍 일었다. 물론 한마디의 대꾸도 없이 진수 성찬이 차려진 그 상을 일주가 앉은 쪽으로 순식간에 둘러메친 만해였다.

"나, 그 창백해지는 일주를 두고 지금 이렇게 달려오는 길이야."

이것이 생전의 만해 그대로의 모습이었다.

이 같은 정신이 불교 근대화와 민중운동의 기수로서 과감히 앞장을 서게 된 바탕이 된 것이었으며, 또한 민족의 지도자로서 추앙을 받게 된 일면이었다.

만해가 입적하자 많은 조객들 틈에서 문제의 일주 김진우 화백이 흐느끼는 모습을 지켜 볼 수 있었다.

그가 심우장에 들어설 때 지난날의 일이 생각나 소남은 빈정거리는 투로,

"아참, 저 사람 일주가 아닌가. 만해 선사한테서 경치던 일주 화백이군그래"

하며 숨을 죽였다. 일주 화백은 만해 선사의 유해 앞에 엎드려 목놓아 울고 울었다. 참회의 통곡이었다.

"조객 중 일주가 제일 많이 우는군!"

사실이 그러했다. 며칠을 두고 장례 절차가 완전히 끝나도록 생전에 잘못을 저지른 사람들의 정성어린 조의弔意는 주위 인사들로 하여금 눈시울을 뜨겁게 했다.

만해의 위력이었다. 만해의 신비스런 감화력이었다.

한편 만해의 영결식에 즈음하여 지기知己 위당 정인보는 추모의 시를 남겼다.

　　풍란화風蘭花 매운 향기
　　님에게야 견줄쏜가.

이날에 님 계시면
별도 아니 더 빛날까
불토佛土가 이 위 없으니
혼아, 돌아오소서.

풍란보다 매운 향내, 그것은 그의 인격·절조·예술, 그리고 그의 생애 모두였다. 그윽한 그의 향내는 만세萬世에 길이 남을 것으로 믿어진다. 홀로 마지막까지 탄 불꽃의 향훈香薰으로 이 땅 위에 길이 풍길 인걸의 향기이기 때문이다.

홍벽초는 "7천 승려를 합하여도 만해 한 사람을 당하지 못한다. 만해 한 사람을 아는 것이 다른 사람 만 명을 아는 것보다 낫다"고까지 예찬해 마지않았다.

한학의 대가 변영만卞榮晚은 "용운은 진정코 용기 있는 자였다(龍雲一身都是膽也)"라고 했으며, 일본의 거물 도야마 미스루頭山滿조차도 만해의 부음에 접하고 크게 탄식하였다.

"조선의 큰 위인이 갔다. 다시는 이런 인물이 없을 것이고, 지금 우리 일본에도 없다."

입덕立德·입공立功·입언立言, 삼불후三不朽의 위인이 만해였다. 만해의 유해는 일본인이 경영하는 홍제동 화장장이 아닌 미아리 화장장으로 옮겨졌다. 한 줌의 재가 되도록 조객과 회장자들은 엄숙하게 추도했다.

만해는 은빛 반짝이는 치아를 남겼다. 주옥처럼 빛을 발하는 치아였다. 정신의 불꽃을 간직한 결정체였다. 그는 연

망우리 공동묘지에 있는 묘
성북동 심우장에서 입적한 한용운은 화장되어
이곳에 묻혔다.

꽃 같은 신비스런 표적을 남겼다. 모든 육신은 재로 화했는데 오직 치아만이 은빛 찬연했다. 그것은 만해의 법력法力을 증거하는 소중한 표적이기도 했다. 치아는 사기 항아리에 넣어져 유골과 함께 망우리 공동묘지에 안장되었다. 오래도록 비석 하나, 상석 하나 없는 초라한 만해의 묘소는 세상 사람들로부터 잊혀져 오다가 근래에 와서 파고다 공원에 기념비가 세워졌고, 《한용운 전집》의 발간에 이어 동상 건립과 기념 사업의 움직임도 일어나게 되었으며, 만해사상실천선양회는 만해실천상, 만해평화상, 만해시문학상, 만해학술상, 만해예술상, 만해포교상을 제정하여 시행하고 있다.

외아들 한보국은 출생지인 충남 홍성에서 살면서 일제 말기에는 아버지의 뜻을 계승하는 사회 운동을 전개했고, 해방을 맞이하면서부터는 좌익 운동에 가담했다. 1948년 무렵 모친상을 당한 그는 서울에 와 있던 중 한국전쟁을 맞이하여 귀향했다. 지방의 적화赤化에 힘쓴 그였으나 종국엔 인민위원회의 처사에 난색을 표하기도 했다.

"인민 공화국이 이렇게까지 될 줄은 몰랐어. 죄 없는 시골 사람을 잡아다가 모조리 생죽음을 시키다니! 무차별 재산 몰수도 지나친 일이고……."

한보국이 그의 가까운 친구에게 실토한 말이었다.

그러나 그는 국군이 수복할 무렵 식솔들을 이끌고 행방을 감추었다. 당국에서는 그가 월북한 것으로 말하나, 지방 사람들은 예산禮山 모처에서 학살된 것으로 믿고 있으며, 그의 집은 역산으로 몰수되었고, 강씨 부인은 아이들을 데리고 종적을 감추었다는 이야기도 떠돈다.

한편 외동딸 한영숙은 슬하에 2남 1녀를 두고 부군 정택근과 함께 서울 명륜동에서 살고 있다.

만해의 선풍은 70년대부터 일어나 정신문화를 쇄신하는 원동력이 되고 있는 중이다.

과연 만해의 생애는 역사와 민족을 위하여 줄기차게 싸운 하루였고, 그의 정신은 자유와 평화를 위한 성스러운 불꽃이었다. 영생토록 불타는 만해의 얼은 오늘도 민족 운동과 문화운동의 지표指標가 되어주기에 넉넉함이 있다.

고개를 들면 저 밤 하늘에는 무수한 성좌星座가 저마다 빛을 반짝이고 있다. 그 중에서도 만해 한용운은 민족을 밝히는 별이 되어 뜻있는 사람의 마음을 더욱 밝혀주고, 어두운 시대에 길을 인도해줄 것이다.

□ 연 보

1879년   8월 29일 충남 홍성군 결성면 성곡리에서 출생. 본명은 정옥貞玉, 법명은 용운龍雲, 법호는 만해萬海·卍海.

1884년   6세 때부터 향리 서당에서 한학을 익힘.

1892년   향리에서 전정숙全貞淑 씨와 성혼의 예식을 올림.

1896년   의병에 참가하였으며 군자금 마련을 위해 홍성 호방戶房의 관고官庫를 습격하여 1천 냥 탈취.

1897년   의병 실패로 몸을 피해 고향을 떠남.

1899년   설악산의 백담사 등지를 전전함. 세계 여행을 계획하고 블라디보스토크에 갔다가 곧 귀국함.

1904년   고향 홍성으로 돌아옴. 아들 보국保國 태어남. 설악산 백담사에서 불목하니 노릇을 하다가 승려가 됨.

1905년   백담사 김연곡金蓮谷 선사에게 득도.

1907년   강원도 건봉사에서 선수업禪修業.

1908년   도쿄 조동종曹洞宗대학에서 불교와 서양 철학을 청강. 10월 귀국하여 경성 명진 측량 강습소를 개설, 소장에 취임.

1909년   강원도 표훈사表訓寺 불교 강사에 취임.

1910년   승려 취처 문제에 관한 건백서健白書를 두 차례 당
국에 제출하여 불교계에 물의를 일으킴.《조선불
교유신론》을 백담사에서 탈고.

1911년   박한영·진진응·김종래·장금봉 등과 전남 승주
송광사松廣寺, 부산 동래 범어사梵魚寺에서 승려 궐
기대회를 개최하고 한일 불교동맹 조약 체결을 분
쇄함. 만주로 망명, 만주 지방 여러 곳에 있던 독
립군의 훈련장을 순방하면서 그들에게 독립정신
과 민족혼을 북돋아주고 독립지사들과 만나 독립
운동의 방향을 논의.

1912년   《불교대전》편찬 계획.〈여자단발령〉탈고.

1913년   박한영·박영호 등과 불교 학무원 창설.《조선불
교유신론》을 불교 서관에서 발행.

1914년   《불교대전》을 범어사에서 발행.

1918년   《유심》지의 편집인 겸 발행인이 됨. 신시新詩〈심
心〉발표.

1919년   3·1운동 당시 백용성 등과 함께 불계를 대표하여
참여, 독립 선언서 내용을 둘러싸고 최남선과 의
견 충돌을 함. 좀더 과감한 내용을 바랐으나 행동
강령인 공약 삼장만을 삽입시키는 데 그침.

1920년   3·1운동 주동자 중 최고형 3년 징역을 선고받음.

1922년   출옥.《개벽》지에 옥중시〈무궁화 심으과저〉발표.

1925년	설악산 오세암에서 《십현담 주해》 탈고. 백담사 만해당에서 시집 《님의 침묵》 탈고.
1926년	《님의 침묵》이 회동 서관에서 발행.
1927년	신간회 발기. 일제의 불교 탄압에 맞서 불교 대중화에 노력. 회고담 〈죽다가 살아난 이야기〉 발표.
1931년	불교지 인수, 불교 관계 글 발표.
1933년	유숙원 여사와 재혼, 성북동에 심우장을 지음.
1934년	딸 영숙 태어남.
1936년	장편소설 〈흑풍〉을 《조선일보》에 연재.
1937년	장편소설 〈후회〉를 《조선 중앙일보》에 연재.
1939년	회갑을 맞아 경상남도 사천군 다솔사에서 몇몇 동지들과 함께 자축연을 가짐.
1940년	논설 〈불교의 과거와 미래〉를 《불교》 신집新輯에 발표. 수필 〈명사십리〉가 《반도산하》에 수록됨.
1944년	5월 9일 서울 성북동 심우장에서 영양실조로 숙환이 악화되어 입적함. 동지들에 의하여 미아리 사설 화장장에서 다비된 뒤 망우리 공동묘지에 유골이 안치됨.

만해 한용운

초판 1쇄 발행 | 2019년 4월 25일

지은이 | 임중빈
펴낸이 | 윤형두
펴낸곳 | 종합출판 범우(주)

등록번호 | 제406-2004-000012호(2004년 1월 6일)
        10881 경기도 파주시 광인사길 9-13(문발동)
대표전화 | 031-955-6900, **팩 스** | 031-955-6905

홈페이지 | www.bumwoosa.co.kr
이메일 | bumwoosa1966@naver.com

ISBN 978-89-6365-255-9 03990

* 잘못된 책은 바꾸어 드립니다.
* 이 도서의 국립중앙도서관 출판예정도서목록(CIP)은 서지정보유통지원
시스템(http://seoji.nl.go.kr)과 국가자료종합목록시스템(http://www.nl.go.
kr/kolisnet)에서 이용하실 수 있습니다. (CIP제어번호: 2019009988)

산과 바다와 여행길에

범우문고

2,800~4,900원

39년간 총 4,500만부 돌파!

▶ 전국 서점에서 낱권으로 판매합니다
▶ 계속 출간됩니다

시대를 초월해 인간성 구현의
모범으로 삼을 만한 책을 엄선하여 엮다!

범우 고전선

현대사회를 보다 새로운 시각으로 종합진단하여
그 처방을 제시해주는,

범우 사상신서

게르만 신화와 전설
라이너 테트너 지음/성금숙 옮김　　북유럽의 신들은 결코 벌을 주는 신, 즉 두려움을 일으키는 위력의 존재로 묘사되지 않는다. 그들은 인간들로부터 무조건 굴종을 요구하지도 않는다. 오히려 신과 인간은 부모와 자식 사이처럼 허물이 없다. 신들도 인간적인 속성을 지니고 있으며 그들은 불면의 존재도 아니고, 그렇다고 전능하지도 않다. 그들은 사랑할 만한 약점들을 지닌 존재이다. 신국판·670쪽·값 20,000원

유럽 신화
재클린 심슨 지음/이석연 옮김　　'신화'의 주요 특징들은 유럽 전역에 걸쳐 매우 일관되게 나타난다. 신들을 연구한 이 책은, 초자연적 존재에 대한 신앙들이 어떻게 오늘날까지 대중문화에 의미 있는 요소로 작용하게 되었는가를 보여주는 참으로 흥미진한한 내용을 담고 있다. 신국판·360쪽·값 12,000원

이집트 신화
베로니카 이온스 지음/심재훈 옮김　　이 책은 이집트 여러 지역에 있는 고유의 창조 신화를 다룬다. 눈이나 아툼, 라 등과 같은 태초의 신, 네케베트와 아몬, 아텐 등의 파라오와 왕국의 수호신, 프타와 세크메트 등의 와 다산·출생을 담당하는 신, 세케르와 셀케트 등의 죽음의 신과 같은 여러 신들이 등장한다. 특히 각 지역별 신들에 숭배는 고대 이집트의 왕권 확립 및 계승, 당시의 정치 제도 및 사상, 생활을 엿볼 수 있게 한다. 신국판·356쪽·값 13,000원

인도 신화
베로니카 이온스 지음/임웅 옮김　　수천 년 동안 군사적으로 우월했던 침략자들이 대부분 북서쪽에서 도 대륙으로 침입해 들어왔는데 11세기경 무슬림을 제외하고는 대부분의 침략자들이 인도에 동화되었다. 침략자들은 이 정복했던 민족의 보다 선진적이고 깊이 뿌리내린 문화에 영향을 미침으로써 신과 신화가 더해졌다. 아리안족 또는 족의 신들과 드라비다족의 토착신들이 뒤섞이면서 힌두교 뿌리가 갖춰졌다. 신국판·384쪽·값 13,000원

스칸디나비아 신화
엘리스 데이비슨 지음/심재훈 옮김　　이 책의 주요 대상이 되는 지역은 노르웨이, 덴마크 덴, 아이슬란드다. 핀란드 서부가 포함되는 스칸디나비아 반도를 중심으로 하고 있는데 북유럽 지역을 포괄하는 신화로 있다. 거칠고 추운 자연환경을 극복하면서 그들 스스로 만들어 간 문화 및 그 변화 과정이 스칸디나비아 신화의 내용에 나타나 있다. 이 책에서는 《에다》를 주요 전거로 삼고 있으며, 이는 북유럽 신화 기본 자료이기도 한다. 신국판·316쪽·값 12,000원

아프리카 신화
지오프레이 파린더 지음/심재훈 옮김　　아프리카는 크게 이집트 지역과 사하라 사막 이남의 아프리카로 나눈다. 이집트는 역사적으로나 문화적으로 중지중해와 서남아시아 지역과 더욱 밀접한 연관을 맺어왔다. 책은 사하라 사막 이남의 이른바 '블랙 아프리카' 지역과 그 주민들 자체의 역사, 신화, 문화 등을 올바르고 상세하게 있어, 소외된 아프리카에 대한 신화를 풍부하게 접할 수 있는 기회를 제공해준다. 신국판·316쪽·값 12,000원

중국 신화
앤소니 크리스티 지음/김영범 옮김　　중국의 신화속에는 인간과 세계의 원형적인 모습과 근원적인 둘이 날실과 씨실로 짜여 녹아들어 있고, 이 지상의 일시적인 시간성을 초월하려는 웅대한 상징과 꿈이 담겨 있다. 세상 리고 영웅이 등장하며, 인간의 육체와 정신을 뛰어넘는 괴설이 등장한다. 신국판·262쪽·값 13,000원